人生を生き抜くための
哲学・思想の
キーコンセプト50

武器になる哲学

山口周

KADOKAWA

プロローグ
——無教養なビジネスパーソンは「危険な存在」である

哲学・思想の専門家ではない私がなぜビジネスパーソン向けに「哲学・思想」の本を書いたのか。その理由を一言で表せば、

世界の建設に携わっているビジネスパーソンにこそ、哲学・思想のエッセンスを知っておいて欲しいから

ということになります。

私は前著『世界のエリートはなぜ「美意識」を鍛えるのか？』で、社会において大きな権力・影響力を持つことになるエリートの教育では、哲学を中心としたリベラルアーツ教育がますます重視されるようになってきているという世界の風潮を紹介しました。

繰り返せば、近代以降、ヨーロッパのエリート養成を担ってきた教育機関では長らく哲学と

歴史が必修とされてきました。今日に至っても、例えば政治・経済のエリートを数多く輩出しているオックスフォードの看板学部「PPE = Philosophy, Politics and Economics」（哲学・政治・経済学科）では、哲学が三学領域の筆頭となっていますし、フランスの高等学校課程＝リセでは、理系・文系を問わずに哲学が必修科目となっており、バカロレアの第一日目の最初に実施されるのは伝統的に哲学の試験とされています。パリにしばらく滞在した人であれば、バカロレアの哲学試験にどのような問題が出されたか、自分ならどう答えるかがオフィスやカフェで話題になっているのを耳にしたことがあるのではないでしょうか。

あるいはアメリカに目を転じても、エリート経営者の教育機関として名高いアスペン研究所では、世界中で最も「時給」の高い人々であるグローバル企業の経営幹部候補が集められ、風光明媚なスキーリゾートとして知られるアスペンの山麓で、プラトン、アリストテレス、マキャベリ、ホッブズ、ロック、ルソー、マルクスといった哲学・社会学の古典をみっちりと学んでいます。

彼らはなぜ、ともすれば「役に立たない学問の代表」とされがちな「哲学」を、これだけプライオリティの高い学問として学んでいるのでしょうか。アスペン研究所設立のきっかけとなった１９４９年の国際カンファレンス「ゲーテ生誕２００年祭」において、発起人の一人であるシカゴ大学教授（当時）のロバート・ハッチンスは「リーダーに教養が求められる理由」

について次のように言及しています。

・無教養な専門家こそ、われわれの文明にとっての最大の脅威

・専門家というものは、専門的能力があるからといって無教養であったり、諸々の事柄に無知であったりしていいものだろうか

日本アスペン研究所HPより

実に強烈です。哲学を学ぶと「役に立つ」とか「カッコいい」とか「賢くなる」ということではない、哲学を学ばずに社会的な立場だけを得た人、そのような人は「文明にとっての脅威」、つまり「危険な存在」になってしまうというのがハッチンスの指摘です。

翻って、我が国の状況はどうでしょうか。たまさか、筆者は2018年1月に実施された関西経済同友会に問題提起者として参加し、関西財界を代表する経営者と「文化と企業」の関係について議論する機会を持ちました。しかし、ここでわかったのは、このテーマについて、まともに「自分の意見を述べる」ことができる経営者が、少なくともその場にはいなかった、ということでした。多くの経営者は「文化は儲からない」「祇園にお金を落としたいが時間がない」といった幼稚なコメントに終始し、まともに「企業経営が文化形成に与える影響」につい

て議論することができませんでした。

一方で、このように無教養な「お金儲けの専門家」（というほど儲けられてはいないようですが……）によって率いられている多くの日本企業から、子供でさえ仰天させるようなコンプライアンス違反が続出している我が国の状況を鑑みれば、このアスペン研究所設立の前提となったハッチンスの問題意識が極めて予見性に満ちたものであったことがわかります。

なぜビジネスパーソンが「哲学」を学ぶべきなのか？

ここまで、アスペン研究所設立の契機となったロバート・ハッチンスの問題提起から言葉を引き、「リーダーに哲学の素養が求められる理由」について述べてきました。ここから先は、筆者自身の経験に基づいて、もう少し功利的な側面から、哲学・思想を学ぶメリットについて述べたいと思います。

理由は大きく、次の四つになります。

①状況を正確に洞察する
②批判的思考のツボを学ぶ
③アジェンダを定める
④二度と悲劇を起こさないために

順に説明していきましょう。

【ビジネスパーソンが哲学を学ぶ意味①】状況を正確に洞察する

「……よくそんなこと、思いつきましたね」

クライアントとの会議で、このようなコメントをいただくことがままあります。問題の輪郭がどうにも定まらないようなとき、あるいは起こっている問題の原因が整理できないようなとき、もう時間切れで会議が終了するというタイミングで、私からの「これって、もしかしたらこういうことなんじゃないですか?」という一言で、霧が晴れるようにモノゴトの見通しが良くなることがあるのですが、そのようなときに言われるのが、冒頭に紹介したコメントです。

クライアントはだいたい、ちょっと呆れたような、でも少し嬉しいような、微妙な表情をしています。

こういう場合、私が自分のアタマでゼロから思考を組み立てていることは、ほとんどありません。何をやっているかというと、哲学や心理学や経済学のコンセプトを、目の前の状況に当てはめて考えてみる、ということをやっています。本書で紹介する50の「哲学・思想のキーコンセプト」は、筆者自身のコンサルティング経験から、「知っていて本当によかった」と思えるもの、いわば「修羅場を切り開くのに非常に有効だった」ものを厳選して紹介しています。

哲学を学ぶことの最大の効用は、「いま、目の前で何が起きているのか」を深く洞察するためのヒントを数多く手に入れることができるということです。そして、この「いま、目の前で何が起きているのか」という問いは、言うまでもなく、多くの経営者や社会運動家が向き合わなければならない、最重要の問いでもあります。つまり、哲学者の残したキーコンセプトを学ぶことで、この「いま、何が起きているのか」という問いに対して答えを出すための、大きな洞察を得ることができる、ということです。これは具体例を出して説明しないとなかなかわからないかも知れません。

例えば、いま世界で教育革命と言われる流れが進行していますね。フィンランドのそれが最も有名ですが、例えば年次別のカリキュラムを止めてしまう、教科別の授業を止めてしまうという流れです。日本で育った私たちからすると、学校の授業といえば、同じ年齢の子供が教室に並んで、同じ教科を同時に勉強する、というイメージが強く、フィンランドで採用されているこのシステムは奇異に聞こえるかも知れません。自分たちが慣れ親しんでいるものとは異なる、なんらかの「新しい教育の仕組み」が出てきた、という理解です。

ところが、ここで弁証法という枠組みを用いて考えてみると違う理解が立ち上がってくる。それは「新しい教育システムが出てきた」ということではなく、「古い教育システムが復活してきた」という理解です。

弁証法というのは、ある主張＝Aがあったとして、それに反対する、あるいは矛盾する主張＝Bがあり、それが両者を否定することなく統合する新しい主張＝Cに進化するという思考のプロセスを指す言葉ですが、この時、この統合・進化は直線上ではなく、「らせん状」に行われることになります。らせん状ということはつまり、横から見ればジグザグの上昇運動に、上から見れば円上の回転運動に見えるということで、要するに「発展」と「復古」が同時に起きる、ということです。

ある一定の年齢になった子供を同じ場所に集めて、単位時間を区切って同じ教科を学ばせるという、私たちが慣れ親しんでいる教育システムは、明治時代の富国強兵政策のもとに、大量の子供に工場のように教育を施すために編み出されたシステムです。人類は誕生以来、ずっと子供の教育をやってきたわけですから、その歴史は数万年の長さに渡ります。現在の教育システムというのは、この長い歴史の中における極めて短い期間に採用されているだけの、言ってみれば例外的なシステムなんですね。

では明治維新以前はどういう教育システムだったかというと、これはいわゆる寺子屋ということになります。この寺子屋のシステムを振り返ってみると、年齢もバラバラ、学ぶ教科もバラバラということで、現在、世界で進めようとしている教育システムの方向性に近い。

つまり、近代の教育システムに慣れ親しんでいる私たちから見ると、大変「新しい」ように見えるものが、実は長い時間軸で考えてみると、「古い」ものだということです。ただし「古いもの」が「古い」まま復活したのでは、単なる後退ということになってしまいます。この時、古いシステムは、なんらかの発展的要素を含んで回帰してくる。教育システムの場合、この「発展的要素」はＩＣＴということになるわけですが、ここでは教育システムの発展についての解説にこれ以上の紙幅を割くことは止めたいと思います。

この教育システムの話は一例ですが、この動きを「過去のシステムの発展的な回帰だ」として洞察できるかどうかは、弁証法というコンセプトを知っているかどうかによって大きく変わってきます。

目の前で起こっていることが、一体どのような運動なのか、これから何が起きるのかをより深く理解するために、過去の哲学者が提案した様々な思考の枠組みやコンセプトが、その一助になります。繰り返しになりますが、この「いま、何が起きているのか、これから何が起きるのか」という問いは、ビジネスパーソンが向き合わなければならない問いの中でも最重要なものでしょう。このように重要な問いについて考察する際の、強力なツールやコンセプトの数々を与えてくれるのが哲学だということになります。

【ビジネスパーソンが哲学を学ぶ意味②】批判的思考のツボを学ぶ

ビジネスパーソンが哲学を学ぶメリットとして、二つ目に指摘したいのが「批判的思考のツボを学ぶ」という点です。哲学の歴史というのは、そのまま、それまでに世の中で言われてきたことに対する批判的考察の歴史だと言うことができます。

この点については後ほど詳しく解説しますが、過去の哲学者が向き合ってきた問いは、「世界はどのように成り立っているのか」という「What の問い」と、「その中で私たちはどのように生きるべきなのか」という「How の問い」の二つに整理することができます。古代ギリシア以来、ほとんどの哲学者が向き合った「問い」が全てこの二つに収れんするにもかかわらず、これほどまでに多くの哲学者の論考が存在するということは、つまりこれらの問いに対する「決定打」と言える回答が、未だに示されていない、ということの証左でもあるんですね。

哲学者が問いに向き合う。そして彼なりの「こうじゃないかな」という答えを打ち出す。その答えが、説得力を持つと思われれば、しばらくのあいだはその答えが世の中の「定番」として普及します。しかしそのうち、現実が変化し、定番となった回答にも粗が見えてくる……つまり、その回答では現実をうまく説明できていなかったり、現実にうまく対処できなかったりするようになるわけです。すると新しい哲学者が、「その答えって、もしかしたらダメなんじゃないの?」と批判し、別の回答を提案する。哲学の歴史はそのような「提案→批判→再提案」という流れの連続で出来上がっているわけです。

さて、ではこれがなぜビジネスパーソンにとって重要なのかというと、ビジネスでもまた、批判的思考が求められるからです。変化する現実に対して、現在の考え方や取り組みを批判的に見直して、自分たちの構えを変化させていく。かつてはうまくいっていた仕組みを、現実の変化に適応する形で変更していく。企業のことを英語ではゴーイングコンサーンと言いますね。これは「永続することを前提にした組織」ということですが、重要なのは「環境が変化する」のに対して、「企業が永続する」という点で、これはつまり、企業というのは「どんどん変化していく」ことが前提となっているということです。

このように指摘すると、「そんなことは当たり前じゃないか」と思われるかも知れませんが、では、その「当たり前」がなぜ、多くの日本企業では難しいのか。最大のポイントは「変化」

には必ず「否定が伴う」という点です。これまでやってきた考え方、動き方を否定した上で、新しい考え方、動き方を取り入れていく。難しいのは「新しい考え方・動き方」を「始める」ことではなく、「古い考え方・動き方」を批判的に捉えて、これを「終わらせる」ことなんです。これまで通用した「考え方」を、一旦批判的に見直してみる。そして、それが現実にうまく適応できていない、現実をうまく説明できていないのだとすると、その理由を考察して、新しいパラダイムを提案する、ということが求められるわけですが、これはまさに、哲学者が連綿とやってきたことです。対象となる問題はもちろん異なりますが、このような「自分たちの行動や判断を無意識のうちに規定している暗黙の前提」に対して、意識的に批判・考察してみる知的態度や切り口を得ることができる、というのも哲学を学ぶメリットの一つとして挙げられると思います。

【ビジネスパーソンが哲学を学ぶ意味③】アジェンダを定める

アジェンダとは「課題」のことです。なぜ「課題を定める」ことが重要かというと、これがイノベーションの起点となるからです。今日、多くの日本企業ではイノベーションが経営課題の筆頭として取り組まれていますが、率直に言って、そのほとんどは「イノベーションごっこ」

だと筆者は思っています。なぜそう言い切れるかというと、ほとんどのケースで「課題」が設定されていないからです。全てのイノベーションは、社会が抱えている「大きな課題」の解決によって実現されていますから、「課題設定」のないところからイノベーションは生まれません。「課題設定」というイノベーションの「魂」が抜け落ちたまま、表面的に外部からアイデアを募る仕組みやアイデアを練り上げるプロセスを整備しただけで、「オープンイノベーションをやっています」という状況ですから、これは「ごっこ」と言うしかありません。

筆者は、前著『世界で最もイノベーティブな組織の作り方』を執筆した際、社会から「イノベーター」と認められている人々に数多くのインタビューを実施しましたが、そこで特徴的だったのは、そのうちの誰一人として「イノベーションを起こしてやろう」と考えていなかった、ということです。彼らは「イノベーションを起こそう」と思って仕事をしているのではなく、必ず具体的な「解決したい課題」があって仕事をしています。イノベーションの停滞が叫ばれて久しいですが、停滞の最大の原因となっているボトルネックは「アイデア」や「創造性」ではない、そもそも解きたい「課題＝アジェンダ」がないということです。

そうなると「課題設定の能力」が重要だということになるわけですが、ではどうすれば「課題設定能力」を高めることができるのか？　鍵は「教養」ということになります。なぜかというと、目の前の慣れ親しんだ現実から「課題」を汲み取るためには、「常識を相対化する」ことが不可欠だからです。例えば、日本の風俗習慣・生活文化しか知らない人が、日本の風俗習慣について「なぜこんなことをやっているんだろう」と考えるのは大変難しいことですが、外国の風俗習慣・生活文化を知っている人であれば、それは容易なことでしょう。よく「ここがヘンだよ日本人」とかなんとか、そんな表題の書籍やテレビ番組がありますが、これらのコンテンツは、日本人にとってごくごく当たり前の習慣が、外国人には大変奇妙に思えること、そしてまた、そのような指摘によって当の日本人もまた「言われてみれば確かにそうだ」と共感してしまう、という構図を下地にして成立しています。つまり地理的な空間、あるいは歴史的な時間の広がりを持った人であればあるほど、目の前の状況を相対化してみることができるようになる、ということです。

イノベーションというのは、常に「これまで当たり前だったことが当たり前でなくなる」という側面を含んでいます。これまで当たり前だったこと、つまり常識が疑われることで初めてイノベーションは生み出されます。

一方で、全ての「当たり前」を疑っていたら日常生活は成り立ちません。なぜ信号の「ススメ」は青で「トマレ」は赤なのか、なぜ時計は右回りなのか、などといちいち考えていたら日常生活は破綻してしまうでしょう。ここに、よく言われる「常識を疑え」というメッセージの浅はかさがあります。

イノベーションに関する論考では、よく「常識を捨てろ」とか「常識を疑え」といった安易な指摘がなされますが、そのような指摘には「なぜ世の中に常識というものが生まれ、それが根強く動かし難いものになっているのか」という論点についての洞察がまったく欠けています。「常識を疑う」という行為には実はとてもコストがかかるわけです。一方で、イノベーションを駆動するには「常識への疑問」がどうしても必要になり、ここにパラドクスが生まれます。

結論から言えば、このパラドクスを解く鍵は一つしかありません。重要なのは、よく言われるような「常識を疑う」という態度を身につけるということではなく、「見送っていい常識」と「疑うべき常識」を見極める選球眼を持つということです。そしてこの選球眼を与えてくれるのが、空間軸・時間軸での知識の広がり＝教養だということです。

自分の持っている知識と目の前の現実を比べてみて、普遍性がより低い常識、つまり「いま、ここだけで通用している常識」を浮き上がらせる。スティーブ・ジョブズは、カリグラフィーの美しさを知っていたからこそ「なぜ、コンピューターフォントはこんなにも醜いのか？」という問いを持つことができたわけですし、エルネスト・ゲバラはプラトンが示す理想国家を知っていたからこそ「なぜ世界の状況はこんなにも悲惨なのか」という問いを持つことができました。目の前の世界を、「そういうものだ」と受け止めてあきらめるのではなく、比較相対化してみる。そうすることで浮かび上がってくる「普遍性のなさ」にこそ疑うべき常識があり、教養はそれを映し出すレンズとして働いてくれるということです。

【ビジネスパーソンが哲学を学ぶ意味④】二度と悲劇を起こさないために

哲学を学ぶ理由として、最後に掲げたいのが「二度と悲劇を起こさないために」というものです。残念ながら、私たちの過去の歴史は、これほどまでに人間は邪悪になれるのだろうか、という悲劇によって真っ赤に血塗られています。そして、そのような悲劇は、ほかでもない私たちのような、ごく「普通の人々」の愚かさによって招かれているのだということを、決して忘れてはなりません。

過去の多くの哲学者は、同時代の悲劇を目にするたびに、私たち人間の愚かさを告発し、そのような悲劇が二度と繰り返されないために、どのように私たちの愚かさを克服するべきかを考え、話し、書いてきました。人類はこれまでに高い授業料を払って、様々な失敗からの教訓を得ているのです。

過去の哲学者がどのような問いに向き合い、どのように考えたかを知ることは、とりもなおさず、私たち自身が、当時の人間と同じような愚かな過ちを再び繰り返すことのないよう、高い費用を払って得た教訓を学ばせてもらうという側面があります。

ここに、一般的な実務に携わっているビジネスパーソンが、過去の哲学者が指摘したことについて耳を傾ける意味合いがあると思うのです。教室の中にいる哲学者が世界を動かすことはありません。サルトルやマルクスがかつて発揮した影響力を考えれば、この指摘に違和感を覚える人は多いでしょう。しかし事実です。世界を動かしているのはそういった人たちではなく、実際に実務に携わって日々の生業に精を出している、つまり今この本を読んでいる皆さんのような人たちなのです。これは本書の中ほどで、特にハンナ・アーレントの項目においてあらためて触れることになりますが、世界史的な悲劇の主人公はヒトラーでもポル・ポトでもない、そのようなリーダーに付き従っていくことを選んだ、ごくごく「普通の人々」なのです。そのような人々によってこそ、巨大な悪がなされているのだとすれば、過去の哲学者たちが、人類が払った高い授業料の対価として書き残してきたテキストを、私たちのような「普通の人」が学ぶことには、大きな意味があるのだということはわかってもらえるのではないかと思います。

特に実務家と呼ばれる人は、個人の体験を通じて得た狭い知識に基づいて世界像を描くことが多いものです。しかし今日、このような自己流の世界像を抱いた人々によって、様々な問題が起きていることを見逃すことはできません。ジョン・メイナード・ケインズは、著書『雇用・利子・および貨幣の一般理論』において、誤った自己流理論を振りかざして悦に入っている実務家について、次のように記しています。

知的影響から自由なつもりの実務屋は、たいがいどこかの破綻した経済学者の奴隷です。

実に辛辣な指摘です。

これまでに人類が繰り返してきた悲劇を、私たちは今後も繰り返していくことになるのか、あるいはそこで払った高い授業料を生かし、より高い水準の知性を発揮する人類、いわばニュータイプとして生きていけるかどうかは、過去の悲劇をもとにして得られた教訓を、どれだけ学びとれるかにかかっていると、私は固く信じています。

目次

武器になる哲学

第1部
哲学ほど有用な「道具」はない

第2部
知的戦闘力を最大化する50のキーコンセプト

第1章 「人」に関するキーコンセプト
「なぜ、この人はこんなことをするのか」を考えるために

第2章
「組織」に関するキーコンセプト
「なぜ、この組織は変われないのか」を考えるために

第3章 「社会」に関するキーコンセプト

「いま、何が起きているのか」を理解するために

第4章 「思考」に関するキーコンセプト

よくある「思考の落とし穴」に落ちないために

本文デザイン：二ノ宮 匡
本文イラスト：(p121, 279, 338, 342)：東海林 巨樹
写真：Science Photo Library ／アフロ（p115）
TopFoto ／アフロ（p163）
©GEERT HOFSTEDE B.V.（p196）
Roger-Viollet ／アフロ（p257）
Bridgeman Images ／アフロ（p265）
AP ／アフロ（p270）
akg-images ／アフロ（p272 上）
picture alliance ／アフロ（p272 下）

第1部

哲学ほど有用な「道具」はない

本書といわゆる「哲学入門」の違い

世の中に、いわゆる「哲学入門」はすでにたくさんあります。アマゾンで「哲学入門」と検索すると、大御所であるバートランド・ラッセルの『哲学入門』をはじめとして、なんと1万以上の本がヒットします。入門書がこれほどまでに書かれているということは、決定的な定番が未だ書かれていない、という証左ですから、新たに「哲学入門」を書く意味もあると言えるわけですが、一方で、すでにこれほど多量に「哲学入門」が濫造されているのであれば、これまでに書かれた類書と決定的に異なる点がなければ大きな意義がありません。ということで、ここでは、これまで膨大な数書かれてきた「哲学入門」と本書の違いについて述べたいと思います。

具体的には、本書と類書を分けるポイントは次の三点ということになります。

①目次に時間軸を用いていない

②個人的な有用性に基づいている
③哲学以外の領域もカバーしている

順に説明していきます。

【類書との違い①】目次に時間軸を用いていない

ほとんどの「哲学入門」は、時間軸すなわち「哲学史」を編集の軸に用いています。だいたいの流れは次のような感じでしょうか。

まずギリシアのプロタゴラスやソクラテスあたりから始まって、プラトン、アリストテレスを経由して中世に至る。しばらく空白があったのちにデカルト、スピノザ、ライプニッツの大陸合理論とロック、バークリー、ヒュームのイギリス経験論の大きな二つの流れを説明し、これがカントによって統合的に整理されて一段落。その後、ヘーゲル、シェリング、フィヒテのドイツ観念論について説明し、さらにニーチェ、フロイト、マルクスの三人を契機としてクロード・レヴィ＝ストロースの構造主義、さらにはフッサール、ハイデガーらによる存在論・現象学について述べてからサルトル、メルロ＝ポンティ、ウィトゲンシュタイン等の近代哲学から、最後はポスト構造主義のフーコー、ドゥルーズ、デリダあたりを紹介して終わりか、少し凝ったものであればこれにアーレントやハーバーマス、ホルクハイマーあたりに触れた上で、最後に「現代を生きる私たちが向き合う問いは何か？」とかなんとか、そんな感じの終章で終わるというのが典型的なものです。

この点については次節であらためて詳しく説明しますが、哲学の初心者が挫折してしまう大きな要因の一つとして「古代ギリシアの哲学があまりにもツマラナイから」という点が挙げられます。古代ギリシアの哲学者たちが残した考察の多くは、現在を生きる私たちにとってはあまりにも自明であったり、あるいは誤りであったりすることが多く、そのような考察を学ぶことの「意味合い」を見出すのが難しい。結果として、その段階で辟易してしまって先に進めなくなってしまうわけです。当然のことながら、時間軸に基づいて目次を組み立てれば、どうしてもこの「ギリシア哲学というツマラナイ景色の険しい山」を登るところから「哲学の旅」をスタートせざるを得ず、さらなる挫折者を生み出すことになるだけでしょう。ということで、本書では「時間軸による目次構成」を用いません。

では本書がどのようにして目次を構成しているかというと、それは「使用用途別」ということになります。哲学者は様々なコンセプトを残していますが、これらのコンセプトは「何について考える際に有効なのか」という「使用用途」によって整理することができます。

具体的には、本書では「人についてのキーコンセプト」「組織についてのキーコンセプト」「社会についてのキーコンセプト」「思考についてのキーコンセプト」の四つに整理をしています。

「人についてのキーコンセプト」は、他者や自分の思考様式や行動様式について、より深い洞察を与えてくれます。「全ての悩みは人間関係の悩みである」と指摘したのは心理学者のアルフレッド・アドラーでした。確かに、私たちの人生に発生する問題のほとんどには「人」が絡んでいる。である以上、「人の本性」について考察し続けてきた過去の哲学者たちの考察が、「より良い人生」を生きるためのヒントとならないはずがありません。

なんで僕のスピーチって、今ひとつウケが悪いんでしょうか。

アリストテレスは答えます。「ロゴスだけでなく、パトスとエトスも大事なんだよ」と。

ツイテないよなあ、時代も良くないし、会社はあんなだし、やる気出ませんよ……。

サルトルは答えます。「君は逃げるばかりで、アンガージュマンしないのかね?」と。

19世紀以降になって医学や心理学や脳科学がその任を担うようになるまで、「人間とは何か」

という問いに対して、誰よりも深く、鋭く考え続けてきたのが他ならぬ哲学者たちでした。彼らもまた、現代を生きる私たちと同じように傍若無人な振る舞いをする隣人に対して「この人はなぜこんなことをするのか？」と悩んでいたのです。このような問題に向き合った哲学者たちが残した「人に関する考察」が、私たちにとって有用でないはずがありません。彼らが残したコンセプトは、私たちが「人」にまつわる問題について考える際に、大きな洞察を与えてくれます。

次に「組織についてのキーコンセプト」は、人間が集団になるとどのような振る舞いをするのか、より深く理解するのに役立つ洞察を与えてくれます。組織は、もちろん個人が集まって出来上がるものですが、個人の思考様式や行動様式の単純な足し算によって、組織の振る舞いを予想したり理解したりすることはできません。個人が集まって集団を作ると、その集団は個人特性の単純和では計り知れないような、不思議な振る舞いをすることになります。

新しい業務プロセスが、なかなか根付かないんですよね。

レヴィンは答えます。「導入の前に、まずは解凍できておるのかね？」と。

活発な議論が起きずに、いつもなんとなくその場の空気で決まっちゃうんですよ。

ミルは答えます。「悪魔の代弁者を投入せよ」と。

今日、組織と無縁で生きていける人はほとんどいないでしょう。望むか望まないかにかかわらず、私たちはなんらかの形で組織と関わりながら生きていかざるを得ません。したがって、組織がどのような振る舞いをするのか、どのような特質があるのかに関する過去の哲学者の考察を学ぶことは大きな意味合いがあります。

次に「社会についてのキーコンセプト」は、社会の成り立ちやそのメカニズムについて、より深く理解するのに役立つ洞察を与えてくれます。社会がどのような振る舞いをするかを研究するのは一般に今日では「社会学」と呼ばれる学問ということになりますが、多くの哲学者や思想家が残したコンセプトは、そのまま社会の振る舞いやその背後に動いている構造を洞察するのに大変有効なものです。

人の評価が大変なんで、社内に人材市場を作って市場原理を活用しようと思うんです。

マルクスは答えます。「疎外が発生するよ、気をつけな」と。

機会が平等に与えられている以上、貧困は自己責任でしょ、自業自得ですよ。

ラーナーは答えます。「君は公正世界仮説に囚われているな」と。

「どのような社会が理想的か」という問題について、古代ギリシア以来、多くの哲学者たちが向き合ってきました。しかし、言うまでもなく、その問いに対する決定的な答えはまだありません。いやむしろ、この問いは、そもそもの「問題設定」にこそ大きな問題があった、ということが明らかになっています。ナチズム、スターリニズム、文化大革命、ポル・ポト、オウム真理教などの「理想の社会を目指した運動」は、全て悲惨な結末を迎えています。

地獄への道は善意によって敷き詰められている。かといって「より良い世界」の構築に向けた全ての努力が自己欺瞞に過ぎないのだとすれば、私たちはニヒリズムに陥るよりほかありません。より良い世界の構築への理想を失わないままに、そのような「理想社会」を夢想し、運動することが、独善と欺瞞に陥る危険性もまた同時に意識するしかありません。これは非常に難しいことでしょう。だからこそ、過去の哲学者が残した「社会についての考察」が、私たちにとって重要なヒントになってくれるということです。

そして最後の「思考についてのキーコンセプト」は、モノゴトを深く、鋭く考えるための突破口を与えてくれます。哲学の歴史がそのまま「壮大な思考プロセスの記録」である、ということはすでに述べましたね。これはつまり、哲学の歴史が「ある提案A」について、その提案が間違っていると指摘する別の「提案B」によって否定され、さらにその提案を否定する「提案C」が提出され、といったような「提案と否定の連続」によって構成されている、ということです。この時、多くの哲学者は、否定する対象となる哲学者の考察について、その「思考の仕方」に問題がある、という攻撃手法を用います。つまり、一見すれば正しいと思われるような思考のやり方に、実は「落とし穴」があって、アンタはその「落とし穴」に落ちているよ、という指摘をするわけです。

こんな簡単なことが、どうして外国人には通じないんだろう?

ベーコンは答えます。「洞窟のイドラに囚われておるのじゃ」と。

俺のキャリア目標は外資系投資銀行だからね、文学とか歴史とか、関係ないんだよね。

レヴィ＝ストロースは答えます。「ブリコラージュをナメるんじゃねえ」と。

これらの落とし穴は、哲学者という、わりかし「頭のいい部類の人」たちが陥って落とし穴ですから、一般人である私たちはともすれば簡単にこの穴に落ち込むことになる。つまり、こういう「思考の落とし穴」に関する指摘は、私たちが、より強く、より深く考えていく際にはとても有用な「旅のガイド」となるわけです。

【類書との違い②】個人的な有用性に基づいている

本書と、いわゆる「哲学入門」とで大きく異なる二つ目の点は、本書で取り上げるコンセプトが、哲学史上の重要性よりも、筆者という個人にとっての有用性を元に編集されている、ということです。ぶっちゃけて言えば、筆者にとって「使えるか、使えないか」というだけの評価で編集している、ということです。

例えば、どんな哲学入門書であっても、これだけは必ず、かなりの紙幅を割いて説明しているという哲学者がいます。代表的なのはデカルト、カント、ヘーゲルの三人でしょうか。中でもカントは、デカルトやライプニッツといった大陸合理論（抽象的な思考に基づく演繹を重視する流派）とロックやヒュームといったイギリス経験論（具体的な経験に基づく帰納を重視する流派）とを統合的に整理した一つの到達点として、大きく取り扱われているケースがほとんどです。

しかし本書では、カントを全く取り上げていません。理由は単純で、筆者にとってあまり役に立たない……と書くと何やらネガティブですが、有り体に言えば「立派すぎて使い勝手が悪い」からです。ここは実は面白いところで、カント自身は「良い」と「悪い」の定義を、「目的に叶うかどうかで判断するべきだ」と言っているんですね。例えば、ここに包丁があるとして、この包丁の良し悪しは、包丁の目的である「食べ物を切る」という観点から判断されるべきだ、と言っている。意外と当たり前のことを言っているわけです。このカントの指摘に倣って、私もまた同様に、個々の哲学コンセプトについて、それが「楽しく生きる」という目的に叶うかどうかで判断させてもらっているということです。

私たちの目的は「楽しく、自分らしい人生を送って、幸福になること」でしょう。この目的定義に逆らえる人はなかなかいないと思います。中には「いや、俺は幸福にならなくてもいい。その代わり歴史に自分の名前を残したいんだ」という人もいるかも知れませんが、それはその人にとっての幸福の定義が「自分の名前が歴史に残ること」というだけであって、同語反復に過ぎません。

さて、私たちの目的が「楽しく、自分らしい人生を送って、幸福になること」なのだとすれば、知識やスキルを身につけることの意味合いは、究極的には全て「それで楽しく生きられるのか、幸福になれるのか？」という観点から判断されることになります。

本来、哲学というのはそのような、社会という大きなシステムの一部として日々を過ごしているごく普通の人が、「より良い生を生きる」「より良い社会の建設に貢献する」ための手引きとなるものだったはずです。しかし、残念ながら我が国においては、哲学に代表される教養にはそのような位置付けが与えられてきませんでした。明治期にせよ昭和期にせよ、とにかく手っ取り早く西欧に追いつくために、工学や法学などの実学が重んじられ、本来はそれら上部構造物の礎となるはずであった哲学などの教養教育については、現在までないがしろにされ続けてきた、という側面があります。

最大の原因は哲学研究者たちの怠慢でしょう。本来は武器として、あるいは道具として極めて有用であるにもかかわらず、その有用性についての啓蒙・説明を果たしてこなかったわけです。では何をやってきたのかというと、彼らの作成する哲学や思想に関するテキストの多くは、それらがいかに素晴らしいかを独善的に訴えるチラシ広告であったり、専門家にしか通じないような設計図の解説であったり、開発がいかに大変だったかというウチワ受けの苦労話であったりするばかりで、肝心要の「世の中の歴史を一日また一日と書き上げている、ごく普通の人たちにとってどんな示唆や洞察があるのか」についての言及、つまり「使用の手引き」では全くなかったわけです。

家を建てる時にはトンカチやノコギリを使いますね。多くの人は「豊かな人生」という家を建てるに当たって、様々な「知的道具」を使いこなそうと思うわけですが、では「哲学」という道具をどう使えばいいのですか？　と哲学者に聞くと、「このトンカチには〝釘を打つ〟というアプリオリに規定された本性はなく……」とか「このノコギリにおける分節概念の射程は広くカンナをも包含し……」とかなんとか、自分たちが興味のある問題ばかりを取り上げて煙に巻いた挙句、一人よがりに「君のこのあいだの論文、あそこイイね」「何言ってんだよ、君のこの前の論文こそ、スゴイじゃないか」などとやりあっているわけです。これを怠慢と言わずして、なんと言えばいいのでしょうか。

ということで、話を元に戻せば、本書で取り上げている哲学・思想のキーコンセプトは、必ずしもアカデミックな哲学史における重要性を反映していません。おそらく、哲学や近代思想に親しんでいる人からするとカント、スピノザ、キルケゴールなどがすっぽりと抜け落ちている「哲学入門」など「許しがたい」と思われるでしょうが、筆者としてはそのような批判を一顧だにしません。この本はあくまで、筆者の生業である組織・人材に関するコンサルティングや実生活における問題の解決における有用性＝ユーティリティを元にして編集されている、ということをここに断っておきます。

【類書との違い③】哲学以外の領域もカバーしている

本書と、いわゆる「哲学入門」とで大きく異なる三つ目の点は、ハードコアな哲学・思想以外のコンセプトも取り上げている、ということです。具体的には、経済学、文化人類学、心理学、言語学などが、それに該当します。

これはなにも本書に限ったことではなく、例えばほとんどの哲学入門書において構造主義の開祖として紹介されているクロード・レヴィ＝ストロースはもともと文化人類学者ですから、あえて「類書との違い」として、この点を明言しなくても良いと思われる向きもあるかもしれません。

しかし、それでもなお、この点について明言しておいたほうが良いと判断したのは、本書で紹介されている50のキーコンセプトが、ことごとく「哲学・思想」の領域に属するものだと誤解されることを恐れたからです。

哲学史の教科書を紐解くと、そこに必ず「本籍を哲学においていない人物」に多くのスポットが当てられていることに気づくと思います。先述したレヴィ＝ストロースはそのような人物の代表でしょう。文化人類学という本籍地から言説を打ち出して、実存主義に終止符を打ったわけですから、哲学の歴史を変えてしまった人物と言っていいと思うのですが、そのような人は、レヴィ＝ストロース以外にもたくさんいるんですね。

これは、他の学問分野ではなかなか起こらない、起こりえないことだと思います。理論物理学の歴史に大きな足跡を残した文化人類学者とか、生物学の歴史に影響を与えた経済学者とか、そういうのはちょっと想像できません。しかし、哲学・思想の世界ではそういうことがものすごく起きるわけです。なぜこういうことが起こるかというと、哲学という営みが、ある意味で他の全ての学問分野を飲み込んでいるからなんですね。例えばわかりやすい話でいえば、古代ギリシア以来、哲学者たちが頭を悩ませてきた問題の一つに「モノゴトを正確に認識することは可能か？」というのがあります。この問いに対して、哲学の世界で決定的な役割を果たしたのがデカルトやカントといった人たちなわけですが、最終的にはこれはハイゼンベルグの不確定性原理や量子力学によって「不可能である」ということが原理的に証明されることになります。これを逆に考えれば、哲学の領域のみにフォーカスを当てて考察をすること自体が、そもそも哲学的ではない、ということになります。

あらゆる分野での発見や知見を援用しながら、人や社会や世界のあり様についての洞察を縦横無尽に巡らせるのが哲学という営みである以上、あまりハードコアな哲学・思想のみに偏ることは弊害の方が大きいと判断して、このような構成としたことをここにお断りしておきます。

なぜ、哲学に挫折するのか？

この本を手に取られている方は、それなりに哲学に興味は持っているものの、これまでに挫折してきた経験をお持ちの方が多いと思います。本書を始めるに当たって、まずはこの問題、つまり「なぜ哲学に挫折するのか？」、もっとはっきり言えば「なぜ哲学はツマラナイのか？」という問題について、明確にその理由を示します。というのも、この点を構造的にクリアにしておかないと、結局はまた同じ挫折を繰り返すことになると思うからです。

歴史上の全ての哲学者の論考を、二軸で整理する

まず、本書では、歴史上の全ての哲学者の論考を、次の二つの軸に沿って整理します。

①問いの種類「What」と「How」
②学びの種類「プロセス」と「アウトプット」

まずは最初の軸である「問いの種類」について考えてみましょう。

哲学は古代ギリシアの時代に始まり、以来様々な哲学者が様々な思考を展開したわけですが、それら全ての歴史上の哲学は、次の二つの問いに対してなんとか答えを出そうとした取り組みとして整理できます。

①世界はどのように成り立っているのか？＝What の問い
②私たちはどのように生きるべきなのか？＝How の問い

例えば「モノは何から成り立っているのか」という問題に取り組んだ古代ギリシアのデモクリトスは、典型的に「What の問い」に取り組んだ哲学者ということになりますし、キリスト教道徳の超克を念頭において「近代人はどのように生きるべきか」という問題に向き合い、「超人」という概念を提唱したニーチェは、典型的に「How の問い」に取り組んだ人として整理することができます。

「Whatの問い」への答えは、ツマラナイものが多い

さて、ここからは「なぜ哲学に挫折するのか？」という問題について考えてみましょう。先述した通り、哲学者が取り組んできた「問いの種類」には、「Whatの問い」と「Howの問い」の二つがあるわけですが、過去の哲学者が「Whatの問い」に対して出した答えの多くは、現代の私たちからすると、「間違っている」か「正しいけど陳腐」なものが多いのです。特に、古代ギリシアの哲学者たちが「Whatの問い」に対して出した解答は、自然科学によって現在はほぼ全て否定されています。例えば、古代ギリシアの哲学者たちは、全てのものは「火」「水」「土」「空気」という四つの元素から成り立っていると考えていましたが、この主張は、元素というものの存在を知っている現在の私たちにとっては単に誤った主張でしかありません。哲学と聞くと、何やら深遠な真理が隠されているように感じられるかも知れませんが、まったくそんなことはなく、歴史に名を残した哲学者の主張（＝アウトプット）の多くは、今日では誤りであることがわかっています。

さて、古代ギリシアの哲学者たちが「Whatの問い」に対して出した解答の多くが「間違っている」か、少なくとも「陳腐である」ことがわかっている一方で、初学者向けの哲学の教科

書は通常、年代順に編纂されており、たいがいは古代ギリシアからスタートしています。ここに、初学者が挫折してしまう大きな要因があると、筆者は思っています。

勢い込んで哲学の入門書を開いてみたものの、最初の50ページに出てくるのは、現在の私たちからすると非常に幼稚に見える、あるいは完全に間違っているものばかりなわけです。これでは「こんなことを学んで一体何の意味があるのか？」と感じてしまうのも仕方がありません。

これが、哲学に挫折する大きな要因の一つ目です。

大切なのは、「プロセス」からの学び

さて、では古代ギリシアの哲学者の論考から、私たちが学べるものはないのでしょうか？いえ、そんなことはありません。ここで登場してくるのが、先ほど紹介した、哲学者の論考を整理する軸の二つ目、すなわち「学びの種類」という軸です。

古代ギリシアの哲学者の多くが「世界はどのように成り立っているのか？」という「Whatの問い」に向き合った、という点についてはすでに説明しました。

さて、この「Whatの問い」に向き合った彼らから、一体何が学べるのか？ ここで「学びの種類」という軸について考えてみましょう。繰り返せば、哲学者の考察から私たちが得られ

る学びには次の二つの種類があります。

- **プロセスからの学び**
- **アウトプットからの学び**

プロセスとは、その哲学者がどのようにして考え、最終的な結論に至ったかという思考のプロセスや問題の立て方を意味しています。一方で、アウトプットとは、その哲学者が論考の末に最終的に提案した回答や主張を意味します。

この枠組みで考えてみれば、古代ギリシアの哲学者たちが至った結論である「世界は四つの元素から成り立っている」という指摘は、アウトプットということになるわけですが、ではこのアウトプットから現在の私たちが何かを学べるかというと、もちろん何もありません。せいぜい、頭の良かった古代ギリシアの哲学者たちも、こんな世迷いごとをほざいていたんだな、というくらいの学びしかないでしょう。

しかしでは一方で、彼らがどのようにして世界を観察し、考えたかというプロセスについては、その限りではありません。そこには現在を生きる私たちにとっても大きな刺激となる、みずみずしい学びがあります。

例えばソクラテス登場以前の古代ギリシア、時代としては紀元前6世紀ごろ、アナクシマンドロスという哲学者がいました。そのアナクシマンドロスがある日、ふとしたきっかけから当時支配的だった「大地は水によって支えられている」という定説に疑問を持つようになります。その理由は実にシンプルで「もし大地が水によって支えられているのであれば、その水は何かによって支えられている必要がある」ということなんですね。なるほど、確かにその通りです。

そしてアナクシマンドロスはさらに考えを推し進めます。つまり水を支えている「何か」がなければならない、と考えると、その「何か」もまた別の「何か」に支えられている必要がある、ということです。アナクシマンドロスはこのように考えた結果、「何かを支える何かを想定すれば無限に続くことになるが、無限にあるものなどありえない……。そうなると最終的に地球は何物にも支えられていない、つまり宙に浮いていると考えるしかない」と推論したわけです。

アナクシマンドロスが最終的に出した「大地は何物にも支えられていない、宙に浮いている」という結論は、現在の私たちにとって陳腐以外の何物でもない。つまり、先ほどの枠組みで言えば「アウトプットからの学び」はないということになります。

一方で、アナクシマンドロスが示した知的態度や思考のプロセス、つまり当時支配的だった「大地は水によって支えられている」という定説を鵜呑みにせず、「大地が水によって支えられているのだとすれば、その水は何によって支えられているのだろう」という論点を立て、粘り強く思考を掘っていくような態度とプロセスは、現在の私たちにとっても大いに刺激になります。

まとめればこういうことになります。つまり、アナクシマンドロスが残した論考について、現在を生きる私たちにとっての学びを考えると、それは「プロセスからの学び」であって、最終的な結論としての「アウトプットからの学び」は、刺身のツマのようなもので、学びの「ミソ」はそこにはないということです。ところが、こういった思考プロセスの妙味を味わわずに、ただ単に「結論としての学び」を得ようとすると、「アナクシマンドロスは、地球は宙に浮いていると主張した」という結論だけを学ぶことになり、「そんなの当たり前だろ。この時代のやつはバカだったんだな」という感想しか思い浮かばないわけで、であれば「こんなことを学ぶのに一体なんの意味があるんだ」と思うのは当たり前なんですね。

このアナクシマンドロスのようなケース、すなわち「プロセスからの学びは大きいけれども、アウトプットからの学びは貧弱」という哲学者はたくさんいて、例えばデカルトもその典型例と言っていいと思います。デカルトが「我思う、ゆえに我あり」という言葉を残したことは非常によく知られていますね。これはつまり「どんなに確からしさを疑ったところで、今ここに思考している自分自身の精神があるということだけは、否定できない」という意味ですが、現代社会で普通に市民生活を送っている私たちが唐突にこんなことを言われても、ほとんどの人は「ええ、まあそれはそうでしょうね」といった反応をするしかないでしょう。これは要するに、デカルトの考察もまた「アウトプットからの学び」ということについては、それほど豊かなものは得られない、ということです。

「我思う、ゆえに我あり」が重要でない理由

しかし、「プロセスからの学び」ということについては、アナクシマンドロスと同様にその限りではない。つまり、そこには豊かな学びがあるわけです。評論の神様と言われた小林秀雄は、デカルトの『方法序説』について「これはデカルトの自伝である」と言い切っています。自伝、つまり「私はこのようにして疑い、考えてきた」という、「考察の歴史」を記したものだ、というんですね。これは本当にシャープな指摘で、私たちは、デカルトがどのように悩み、考えながら、最終的に「我思う、ゆえに我あり」という結論に至ったかを知ることで、初めてデカルトの「哲学」を学ぶことになるわけです。しかし、ではその考察の過程を初学者向けの教科書が紹介しているかというと、全くそうではない。程度の問題はあるにせよ、ほとんどの定番教科書は、デカルトの「我思う、ゆえに我あり」という、有名なアウトプットを紹介し、ご

く簡単にこのアウトプットがいかにすごいかということについて書いているのですが、厳しい言い方をすれば、これは一種のウチワ受けでしかありません。

ここにも初学者がつまずいてしまう大きな要因があります。高名な哲学の先生から、「ここは非常に重要」と言われても、その重要さがさっぱりわからないということになると、これはどうしても「自分には向いていないな」ということになってしまう。学問を続けるのに絶対に必要な「知的興味」が喚起できないんですね。

整理すれば、つまり「初学者が哲学に挫折する理由」は、

哲学者の残したアウトプットを短兵急に学ぼうとするものの、アウトプットがあまりにも陳腐であったり誤っていたりするために「学ぶ意味」を実感できないから

ということになります。

初学者というのはとかく「手っ取り早く」学ぶことを求めてしまうものですが、そうなると当然「ポイントだけ教えて」ということになり、結果として「学びの意味」はくみ取れず、挫折してしまう。時間をあまりかけられない初学者だからこそ短兵急な理解を求めるわけですが、そのような態度で臨むと結局は挫折してしまうということで、これは一種のジレンマなん

ですね。特にこの問題は古代ギリシアの哲学者に典型的に当てはまる問題で、それが故に本書では多くの哲学入門書が用いている「歴史」という編集軸を用いない、という点についてはすでに言及しました。

上記の轍を踏まないためには、短兵急にアウトプットだけを知りたい、教えたいという気持ちを抑え、むしろそのアウトプットを主張するに至った思考のプロセスや問題に向き合う態度をストーリーとしてコンパクトに紹介することが重要だ、ということになります。本書でこれから紹介する「哲学・思想のキーコンセプト50」は、そのような「思考のプロセス・問題に向き合う態度」を追体験する上で、橋頭堡のような役割を果たしてくれることを期待して選出しました。それではいよいよ、それらキーコンセプトの紹介に入りましょう。

第2部

知的戦闘力を最大化する50のキーコンセプト

第1章

「人」に関するキーコンセプト

「なぜ、この人はこんなことをするのか」を考えるために

01 ロゴス・エトス・パトス

──論理だけでは人は動かない

アリストテレス（紀元前384―紀元前322）

古代ギリシアの哲学者。プラトンの弟子であり、ソクラテス、プラトンとともに、しばしば西洋最大の哲学者の一人とされ、その多岐にわたる自然研究の業績から「万学の祖」とも呼ばれる。イスラム哲学や中世スコラ学、さらには近代哲学・論理学に多大な影響を与えた。著作集は日本語版で17巻に及ぶが、内訳は形而上学、倫理学、論理学といった哲学関係のほか、政治学、宇宙論、天体学、自然学（物理学）、気象学、博物誌学、生物学、詩学、演劇学、および現在でいう心理学なども含まれており多岐にわたる。

人の行動を本当の意味で変えさせようと思うのであれば、「説得よりは納得、納得よりは共感」が求められます。論理思考に優れたコンサルタントが往々にして事業会社に移ってから苦戦するのは、論理によって人が動くと誤解しているからです。

では人が真に納得して動くためには何が必要なのか？　アリストテレスは著書『弁論術』において、本当の意味で人を説得して行動を変えさせるためには「ロゴス」「エトス」「パトス」の三つが必要だと説いています。

「ロゴス」とはロジックのことです。論理だけで人を説得することは難しいと指摘はしたものの、一方で論理的にムチャクチャだと思われる企てに人の賛同を得ることは難しいでしょう。主張が理にかなっているというのは、人を説得する上で重要な要件であり、であるからこそアリストテレスも『弁論術』において、かなりのスペースを使って「ロゴス」について説明しています。

しかし、ではそれだけで人が動くかというと、そうはいきません。つまり「論理」は必要条件であって十分条件ではない、ということです。これはディベートを思い出してみればわかりやすい。ディベートでは相手を打ち負かせばそれでよいわけですが、実社会で同じことをやれば、打ち負かされた相手は怨恨を内側に抱えることになり、結局のところ面従腹背するだけで全力以上の実力を発揮することはありません。論理だけでは人は動かないのです。

ということでアリストテレスが次に挙げているのが「エトス」です。「エトス」とは、エシックス＝倫理のことです。いくら理にかなっていても道徳的に正しいと思える営みでなければ人のエネルギーを引き出すことはできません。人は、道徳的に正しいと思えること、社会的に価値があると思えるものに自らの才能と時間を投入したいと考えるものであり、であればこそ、その点を訴えて人の心を動かすことが有効であるとアリストテレスは説いているわけです。

そして三つ目の「パトス」とはパッション＝情熱のことです。本人が思い入れをもって熱っぽく語ることで初めて人は共感します。手を胸に当てて想像してみて欲しいのですが、もしシラけきった表情の坂本龍馬が、さもつまらなそうに維新の重要性を訴えていたとしたら、あれだけの運動を起こすことができたでしょうか？　あるいは、いかにも「ヤル気ゼロ」といった表情のキング牧師が、カッタルそうに差別撤廃の夢を訴えていたとしたら、あなたはどう思うでしょうか？　……まったくピンときませんよね。彼らが「パトス」、つまり情熱をもって未来を語ったからこそ、世界はいまあるように変わりました。

さてここまで、アリストテレスの「ロゴス・エトス・パトス」について説明してきたわけですが、このような考え方、つまり「言葉によって人を動かす」という、「そもそもの考え方」に強く反対していたのが、アリストテレスの師匠筋に当たるソクラテスでした。アリストテレスの主張するような「弁論術」というスキルに溺れることの危険性がよくわかるのでここに紹介しておきたいと思います。

リーダーシップにおける「言葉」の重要性に、おそらく歴史上最初に注目したのはアリストテレスの師匠筋に当たる哲学者、プラトンでした。プラトンは著書『パイドロス』の中で、リーダーシップにおける「言葉の影響」について、徹底的な考察を展開しています。題名の「パイドロス」というのは、ソクラテスの弟子の名前ですね。プラトンは、この著書『パイドロス』の中で、彼の師匠であるソクラテスと、その弟子であるパイドロスの架空の議論という形で、リーダーに求められる「言葉の力」とは、どのようなものだろうか、という議論を展開しています。

この議論の中で、アリストテレスが重要視したレトリック＝弁論に対置されているのは、ダイアローグ＝対話です。非常に興味深いことに、『パイドロス』では、リーダーにはレトリックが必要だと主張するパイドロスに対して、ソクラテスがこれを批判し、真実に至る道はダイアローグ＝対話しかない、と説得する構成になっています。なぜ、ソクラテスがそういうことを言うのかというと、レトリックというのは「まやかし」だというんですね。言葉巧みに弁舌を振るって、人を動かしてしまうような技術というのは、人心を誤らせる、ということです。これが、アリストテレスの『弁論術』に対する強烈なカウンターになっていることがわかりますね。確かに、ヒトラーの魔術的な演説の力を知っている現代の私たちにとって、このソクラテスの指摘は説得力があります。だからこそ、ソクラテスは「リーダーこそ、レトリックに頼ってはいけない、そんなものに真実に至る道はないんだ」と諭すわけですが、一方のパイドロスは、言葉巧みに弁舌を振るう哲学者や政治家に「カッコエエなあ」と憧れていることもあり、「やっぱりレトリックは大事じゃないか」と反論する、そういう議論がずっと続いていくという構成になっています。

この議論は結局、パイドロスが押し切られるようにして終わるのですが、私たちにとって重要なのは、プラトン自身もまた、レトリックが持つ「人を酔わせる、動かす力」については、これを素直に認めているという点です。

言うまでもなく、組織のリーダーであればフォロワーを「酔わせ、舞い上がらせる」ことが求められる局面もあるでしょう。そのようなとき、レトリックの危険性を知った上でこれを用いることができるかどうか。是非の問題はともかくとして、レトリックにはそのような危険性もまたあるのだということは知っておいた方がいいでしょう。アリストテレスという人は、いろんな意味でプラトンという師匠に対してケンカを売った人ですが、師匠筋が「危険だ」と指摘したレトリックを、全3巻にもなる方法論として、師匠以上に洗練させたというのは、オビ＝ワンとアナキンの関係を見るようで切ないものがあります。

スピーチを学校で習う機会がほとんどない日本では、アリストテレスの『弁論術』を学ぶ機会はほとんどありませんが、スピーチが重要な社会的役割を果たしている欧米社会の知識階層においては、当然の教養の一つになっています。盲目的な欧米礼賛をするつもりはありませんが、人を動かすためには「ロゴス」「エトス」「パトス」の三つが必要だというアリストテレスのこの指摘については、その過剰な使用がもたらす危険性も含めて、リーダーという立場に立つ人であれば知っておいて損はないと思います。

02 予定説

——努力すれば報われる、などと神様は言っていない

ジャン・カルヴァン（1509―1564）

フランス出身の神学者。マルティン・ルターやフルドリッヒ・ツヴィングリと並び評される、キリスト教宗教改革初期の指導者。いわゆる「長老派教会」の創始者。

皆さんもご存知の通り、16世紀に始まった宗教改革は、マルティン・ルターによって口火を切られています。ルターはカトリック教会から破門され、帝国から追放されることになりますが、ザクセン選帝侯によって保護を受け、神学の研究にさらに打ち込みます。こののちルターの教えはドイツばかりか、ヨーロッパ全土へと広まっていき、やがて「プロテスタント」と呼ばれる大きな運動へとつながっていくことになります。プロテスタントという言葉は、いまやごく普通に用いられる名詞になってしまいましたが、あらためて確認すれば、もともとは「意義を申し立てる」という意味です。これを意訳すれば、つまりは「ケンカを売る」ということで、ではその「ケンカを売る」相手は誰なのかというと、当時のヨーロッパ世界を思想的に支

配していたローマ・カトリック教会ということになるわけですから、これは本当にスゴイことなんですね。時代への登場の仕方が実にロケンロールです。

さて、このルターの問題提起はローマ・カトリック教会にとっては、非常に「面倒くさい」ことでした。というのも、彼らの大きな財源であった贖罪符に関する神学的な意味合いにケチを付けたからです。実はこの時期、贖罪符については、ローマ・カトリック教会の内部でも「アレはどうかと思うけどね」という神学者も多くて、綺麗に整理のついていない状態のまま、半ば教皇をはじめとした権力者がつくりだした「空気」に押し切られる形で販売されていたという側面があります。ルターの問題提起はそういう意味で、ローマ・カトリック教会の「痛いところ」をついちゃったわけです。

このマルティン・ルターの「ロケンロール」なシャウトを受けつぎ、これを洗練させるようにしてプロテスタンティズムに強固な思想体系を与えたのがジャン・カルヴァンでした。この思想体系が、やがて資本主義・民主主義の礎となり、世界史的な影響力を発揮していくことになります。

では、そのポイントは何か。カルヴァンの思想体系を理解するための、最大の鍵が「予定説」です。予定説とは、次のような考え方です。

ある人が神の救済にあずかれるかどうかは、あらかじめ決定されており、この世で善行を積んだかどうかといったことは、まったく関係がない。

実に、信者ではない人からすると驚くべき思想です。当時、悪名高かった贖罪符によって救われることはない、というのならわかります。事実、ルターの最初の問題提起はその点を問うていました。しかしカルヴァンの思想はそうではない。贖罪符によって救われないのは当然のこととしながら、そもそも「善行を働いた」とか「悪行を重ねた」とかいうこと自体が、どうでもいいことだ、とカルヴァンは主張したわけです。

これはカルヴァンが生み出した独自の思想なのでしょうか。いや、そうではありません。カルヴァンは、ルター以上に「聖書」というテキストに徹底的に向き合った人です。では「予定説」は聖書に書かれていることなのか。うーん、確かに聖書を読むと、カルヴァンの「予定説」として読める箇所があることがわかります。

例えば新約聖書の「ローマの信徒への手紙」第8章30節には、「神はあらかじめ定められた者たちを召し出し、召し出した者たちを義とし、義とされた者たちに栄光をお与えになったのです」と書かれている。聖書を読んでいくと、このような「あらかじめ定められた」という言葉がキーワードのようにあっちこっちに出てきますから、テキストを字義通りに読んでいけば、「予定説」という考え方は当然出てくることになります。

一点注意を促しておきたいのが、現在、予定説を認める教派は少数派であり、これをキリスト教の普遍的な教義だと考えるのは誤りだ、ということです。例えば最大教派であるローマ・カトリック教会ではトリエント公会議において正式に「予定説は異端」とされていますし、他にも、東方正教会には全く受け入れられておらず、メソジストは予定説を批判するアルミニウス主義を採用しています。ということで、ここから先は、この予定説が、主にプロテスタントを中心にして見られる教義だという前提で読み進んでください。

さて、あらためて考えてみたいのは、これほどまでに、言ってみれば「御利益」のなさそうな教義が、進化論的に言えば「淘汰」されずに受け入れられ、やがて資本主義や民主主義の礎となっていったのはなぜなのか、という問題です。

予定説によれば、信仰を篤く持とうが善行を多く重ねようが、その人が神によって救済されるかどうかには「関係ない」ということになります。この考え方は、私たちが一般に考える「動機」の認識と大きな矛盾を起こしますよね。「報酬」と「努力」の関係で言えば、「報酬」が約束されるから「努力」するための動機が生まれる、というのが通例の考え方でしょう。ところが、予定説では「努力」は関係なく、あらかじめ「報酬」をもらう人ともらえない人は決まっている、と考えます。

この因果関係を仏教と比較してみると予定説の異常さが際立ちます。仏教では因果律を重視します。全宇宙は因果律によって支配されており、釈迦の大悟はこの「因果律」の認識によっている。釈迦は全宇宙を支配する因果律を「ダルマ＝法」と名付けました。当然のことながら、釈迦以前から「ダルマ＝法」は存在していた、つまり教祖とは別に絶対的に法は存在したわけで、だから「法前仏後」となるわけです。

予定説はこれをひっくり返します。神が全てを予定、つまり「予め、定め」ているわけで、ここに因果律は適用されません。だから、プロテスタンティズムは「神前法後」になるわけです。私たち日本人にとって「因果応報」という考え方はしっくりきますが、これは仏教の影響が色濃いのであって、プロテスタンティズムでは必ずしもそうは考えない、ということです。

さて「努力に関係なく、救済される人はあらかじめ決まっている」というルールの下では、人は頑張れないし無気力になってしまうように思うのですが、どうなのでしょうか。

いや「まったく逆だ」と主張しているのがマックス・ヴェーバーです。後ほど本書の別箇所でも出てくる、あの『プロテスタンティズムの倫理と資本主義の精神』の著者です。マックス・ヴェーバーは、まさに『プロテスタンティズムの倫理と資本主義の精神』の中で、カルヴァン派の予定説が資本主義を発達させた、という論理を展開しています。

救済にあずかれるかどうか全く不明であり、現世での善行も意味を持たないとすると、人々は虚無的な思想に陥るほかないように思われるでしょう。現世でどう生きようとも救済される者はあらかじめ決まっているというのなら、快楽にふけるというドラスティックな対応をする人もいるはずです。しかし、人々は実際にはどうだったかというと、そういう人ももちろんいたのでしょうが、多くの人はそうはならなかった。

むしろ「全能の神に救われるようにあらかじめ定められた人間であれば、禁欲的に天命（ドイツ語で〝Beruf〟ですが、この単語には〝職業〟という意味もある）を務めて成功する人間だろう、と考え、『自分こそ救済されるべき選ばれた人間なんだ』という証しを得るために、禁欲的に職業に励もうとした」というのがヴェーバーの論理です。

浅薄な合理主義に毒されている人からすると、ヴェーバーのこの主張はちょっとした詭弁に聞こえるかも知れません。しかし、例えば学習心理学の世界ではすでに「予告された報酬」が動機付けを減退させることが明らかになっている、という事実を知れば、私たちの「動機」というのが、シンプルな「努力↓報酬」という因果関係によっては駆動されていないらしいということが示唆されます。

これはまた、現在の人事制度が、ほとんどの企業でうまく働いていない、むしろ茶番と言っていい状態になっていることについて考える、大きな契機をはらんでいると思います。人事評価が前提としている「努力↓結果↓評価↓報酬」という、一見すれば極めて合理的でシンプルな因果関係が、これだけ不協和を起こし、数十年かけても未だに洗練された形で運用できないのはなぜなのか。人事評価制度の設計では「頑張った人は報われる、成果を出した人は報われる」という考え方、つまり先述した「因果応報」を目指します。しかし、では実際にその通りになっているかというと、多くの人はこれを否定するのではないでしょうか。むしろ、人事評価の結果を云々する以前に、昇進する人、出世する人は「あらかじめ決まっている」ように感じているはずです。その上でなお、因果応報を否定する予定説が、資本主義の爆発的発展に寄与したのであるとするならば、私たちはなんのために莫大な手間と費用をかけて「人事評価」というものを設計し、運用しているのか、あらためて考えるべきなのかも知れません。

本節の締めくくりとして、哲学者の内田樹の次の指摘を紹介しておきます。

自分の努力に対して正確に相関する報酬を受け取れる。そういうわかりやすいシステムであれば、人間はよく働く。そう思っている人がすごく多い。雇用問題の本を読むとだいたいそう書いてある。でも僕は、それは違うと思う。労働と報酬が正確に数値的に相関したら、人間は働きませんよ。何の驚きも何の喜びもないですもん。

内田樹・中沢新一『日本の文脈』

03 タブラ・ラサ

――「生まれつき」などない、経験次第で人はどのようにでもなる

ジョン・ロック（1632―1704）

イギリスの哲学者。イギリス経験論の父と呼ばれる。また、政治哲学者としての側面も非常に有名である。『統治二論』などにおけるロックの自由主義的な政治思想は名誉革命を理論的に正当化するものとなり、その中で示された社会契約や抵抗権についての考えはアメリカ独立宣言、フランス人権宣言に大きな影響を与えた。また政治学、法学においても、自然権論、社会契約の形成に、経済学においても、古典派経済学の形成に多大な影響を与えた。

タブラ・ラサというのはラテン語で「何も書かれていない石板」という意味です。「タブラ」はタブレット＝板の語源ですね。ジョン・ロックは現在、イギリス経験論を創始した哲学者として知られていますが、大学では医学を学んでおり、解剖学に関する著作も残しています。ロックは、彼が唱えた「経験論」よろしく、実際に医師としてたくさんの乳児・幼児に接した経験から、生まれたときの人の心は「何も書かれていない石板＝タブラ・ラサ」のようなものだと考えました。

ロックが到達した結論をまとめれば次のようになります。何事も、実際に存在するものに対

する私たちの考え、つまり現実世界についての理解は、感覚を通して得られた経験により直接的に導かれるか、あるいは間接的に経験から導き出された要素が元になっている、ということです。しかし、このような主張は現代の私たちにとってあまりにも当たり前に思えます。

その人が何を言おうとしているのかをより正確に理解しようとする場合、その人が何を肯定しているかよりも、その人が何を否定しているかを知る方がより重要な場合があります。哲学においてもまた、この考え方は有効です。

では、ロックは何を否定したのでしょうか。ロックは彼の先人である二人の偉大な哲学者の考えを否定しました。

一人はデカルトです。世界についての自分の理解は、純粋な思惟と演繹によって得ることができる、つまり経験に頼らずに世界を正確に認識することは可能だ、というデカルトの考え方を、ロックは明確に否定します。

もう一人はプラトンです。プラトンはイデアに関連して、人は生まれながらにして前世で得た知識を有していると考えましたが、ロックはこれを明確に否定しました。つまり、生まれたときは白紙の状態であり、その上に経験が描かれていくことによって、現実についての知識や理解が築かれていくという考え方をしたわけです。

いまなら当たり前のような考え方と思われるかも知れませんが、これをロックが主張したときは、社会にとって画期的なことでした。なぜなら、生まれたときは、誰の心の状態も白紙なのであれば、人間に生まれついての優劣はない、ということになるからです。貴族や王族の姉弟であろうと、職人や百姓の倅であろうと、生まれついての優劣はない。個人の素養は全て、生まれた後にどのような経験をするかによって決まるわけで、これはつまり教育によって人間が出来上がるということを言っているわけです。この考え方が、特にフランスにおいて、大衆も教育を受けることによって社会的な隷属状態から解放され、全員が平等な立場に立てるという信念の形成へと繋がっていきます。

さらに加えると、人は経験と学習によっていくらでも学ぶことができる、というのがロックの主張の主題だと考えれば、これは人生におけるどの時点においても適用して考えることができます。寿命が１００年になろうかという時代においては、「学び直し」もまた重要な論点になってきます。特にテクノロジーの進歩が今日のように著しい社会では、一度学んだ知識がすぐに陳腐化してしまう傾向にあります。この点を考えた場合、自分の経験をリセットする、いわば頭を真っ白な石板＝タブラ・ラサの状態に戻せるか、戻せたとして、そこに有意義な経験や知識を書き入れることができるか？　が大きな論点になってくるでしょう。

04 ルサンチマン

――あなたの「やっかみ」は私のビジネスチャンス

フリードリッヒ・ニーチェ（1844―1900）

ドイツの哲学者、古典文献学者。現代では実存主義の代表的な思想家の一人として知られる。博士号も教員資格もないまま、24歳の若さでバーゼル大学古典文献学の教授として招聘されたが、処女作である『悲劇の誕生』が学会から無視され、また健康上の問題もあって、大学を辞職した後は在野のアマチュア哲学者として一生を過ごした。ニーチェの文章はドイツ語散文の傑作と見なされ、ドイツでは国語教科書にもよく採用されている。

ルサンチマンを哲学入門書の解説風に説明すれば「弱い立場にあるものが、強者に対して抱く嫉妬、怨恨、憎悪、劣等感などのおり混ざった感情」ということになります。わかりやすく言えば「やっかみ」ということなのですが、ニーチェが提示したルサンチマンという概念は、私たちがともすれば「やっかみ」とは思わないような感情や行動まで含めた、もう少し射程の広い概念です。

イソップ童話に「酸っぱいブドウ」という話がありますね。あらすじを確認すれば、キツネが美味しそうなブドウを見つけますが、どうしても手が届かない。やがて、このキツネは「あんなブドウは酸っぱいに違いない、誰が食べるものか」と言い捨てて去ってしまう、というストーリーです。これは、ルサンチマンに囚われた人が示す典型的な反応と言えます。キツネは、手が届かないブドウに対して、単に悔しがるのではなく、「あのブドウは酸っぱい」と価値判断の転倒を行い、溜飲を下げます。ニーチェが問題として取り上げるのはこの点です。すなわち、私たちが持っている本来の認識能力や判断能力が、ルサンチマンによって歪められてしまう可能性がある、ということです。

ルサンチマンを抱えた個人は、その状況を改善するために次の二つの反応を示します。

①ルサンチマンの原因となる価値基準に隷属、服従する
②ルサンチマンの原因となる価値判断を転倒させる

この二つの反応は、共に私たちが自分らしい、豊かな人生を送るという点で、大きな阻害要因になり得ます。順に考察していきましょう。

まず一点目です。ルサンチマンに囚われた人は、そのルサンチマンを生む原因となっている価値基準に隷属、服従した上で、それを解消しようとします。周囲のみんなが高級ブランドのバッグを持っているのに自分だけが持っていない、というような状況を想像してください。こ

の時、自分が本当に欲しいものではない、自分のライフスタイルや価値観には合わないとして、そのブランドバッグを拒絶することももちろんできるわけですが、少なくない割合の人々は、同格のブランドバッグを購入することで抱えたルサンチマンを解消しようとします。これはなにもラグジュアリーブランドだけに限ったことではなく、たとえばフェラーリなどに代表される高級車やリシャールミルなどに代表される高級腕時計の世界でも同様に起きている事態と考えられます。

これらの、いわゆる高級品・ブランド品が市場に提供している便益は「ルサンチマンの解消」と考えることができます。ルサンチマンを抱えた個人はルサンチマンを解消するための、いわば「記号」としてこれらのブランド品や高級車を購入するわけですから、ルサンチマンを生み出せば生み出すほど、市場規模もまた拡大することになります。ラグジュアリーブランドや高級車は、毎年のようにコレクションや新車を出してきますが、これは「ルサンチマンを常に生み出すため」と考えてみるとわかりやすい。つまり「最新のモノ」を常に市場に送り出すことによって、「古いモノ」を持っている人にルサンチマンを抱えさせているわけです。ルサンチマンには製造原価がありませんから、知恵と工夫次第でいくらでも生み出すことができます。無限に生み出すことができるものに高い価格がつけられているわけですから儲からないわけがありません。これだけモノで溢れかえり、飽和状態になっている日本においても、ラグジュアリーブランドは全般に好調な業績をあげていますが、これはひとえに、彼らが極めて巧妙にルサンチマンを生み出し続けているからだと考えられます。

「格差」については本書別箇所であらためて考察しますが、現代人は「平等性」について極めて精密なセンサーを持っていますから、ちょっとした差に対しても、ルサンチマンを抱えてしまう可能性があります。そして生み出されたルサンチマンは「記号の購入」という形で解消されることになり、かくしてラグジュアリーブランドや高級車市場の業績は、この低成長日本においても堅調に推移している、という具合です。

しかし、当然のことながら、このような形でルサンチマンを解消し続けても「自分らしい人生」を生きることは難しいでしょう。ルサンチマンは、社会的に共有された価値判断に、自らの価値判断を隷属・従属させることで生み出されます。自分が何かを欲しているというとき、その欲求が「素の自分」による素直な欲求に根ざしたものなのか、あるいは他者によって喚起されたルサンチマンによって駆動されているものなのかを見極めることが重要です。

さて、ここまでルサンチマンに囚われた人が典型的に示す一つ目の反応として、「ルサンチマンの原因となる価値基準に隷属、服従する」ことの危険性を指摘してきました。ここからは、二つ目の反応である「ルサンチマンの原因となる価値判断を転倒させる」ことの危険性について考察しましょう。ニーチェがルサンチマンを取り上げて問題視したのも、この二つ目の反応についてでした。ニーチェによれば、ルサンチマンを抱えた人は、多くの場合、勇気や行動によって事態を好転させることを諦めているため、ルサンチマンを発生させる元となっている価値基準を転倒させたり、逆転した価値判断を主張したりして溜飲を下げようとします。

ニーチェはキリスト教を例に挙げて説明します。ニーチェによれば、古代ローマの時代、ローマ帝国の支配下にあったユダヤ人は貧しさにあえぎつつ、富と権力をもつローマ人などの支配者を羨みながら、憎んでいました。しかし現実を変えることは難しく、ローマ人より優位に立つことは難しい。そこで彼らは復讐のために神を創り出した、というのです。つまり「ローマ人は豊かで、私たちは貧しく、苦しんでいる。しかし天国に行けるのは私たちの方だ。富者や権力者は神から嫌われており、天国には行けないのだから」ということです。神という、ローマ人より上位にある架空の概念を創造することによって「現実世界の強弱」を反転させ、心理的な復讐を果たした、というのがニーチェの説明です。ルサンチマンの原因となっている劣等感を、努力や挑戦によって解消しようとせずに、劣等感を感じる源となっている「強い他者」を否定する価値観を持ち出すことで自己肯定する、という考え方です。このような主張は現在の日本においてもそこかしこに見られます。

例えば「高級フレンチなんて行きたいと思わない、サイゼリヤで十分だ」というような意見がその典型例です。素直に聞き流せば、それはそれで一つの意見だと思われるかも知れませんが、ここで見逃してはいけないのが、この主張には一般に考えられている「高級フレンチは格上で、サイゼリヤは格下」という価値観を、わざわざ転倒させてやろうという意図が明確に含まれている、ということです。

まず、そもそも「高級フレンチ」などというレストランは存在しません。本書執筆時点で最新の『ミシュランガイド東京２０１８』を開いてみれば、三つ星ではカンテサンスとジョエル・ロブションが、二つ星ではロオジエやピエール・ガニェールなどの「高級フレンチ」が紹介されていますが、実際に行ってみればすぐにわかる通り、これらのレストランで出されている料理や雰囲気は、まったくと言っていいほどに異なります。当然のことながら、「カンテサンスは大好きだけど、ロブションはどうも……」といったこともあるわけで、「高級フレンチ」と一括りにして「良い・悪い」を比較できるようなものではありません。

つまり「高級フレンチ」などというレストランはイメージの世界にしか存在しない、言わば抽象的な記号にすぎないということです。抽象的な記号と実在するレストランを比べて、どちらが「好きか嫌いか」などと議論することはできませんから、もとよりこの比較考量はまったくのナンセンスだということになるわけですが、ではなぜそのような空虚な主張をしているのかというと、その背後に「高級フレンチは格式の高いレストランであり、そこに集う人は洗練された趣味と味覚を持っている」という一般的な価値観、もっと直裁すれば「高級フレンチで食事をする人は成功者だ」という価値判断を転倒させたい、というルサンチマンがうごめいているからです。このように主張している本人たちは、バブル的な価値観に染まっていない自分たちの先進性やクールさに独善的に陶酔しているようですが、もしそうなのであれば単に「自分は高級フレンチにはあまり行ったことがないけれど、サイゼリヤでも十分に美味しいよ」と言えばいいし、さらには単に「サイゼリヤが好きだ」と言えばいいだけのことでしょう。誰も文句は言いません。なぜ、そう言わないのか。理由はシンプルで、そんなことを言っても本人のルサンチマンが解消しないからです。抽象的な記号でしかない「高級フレンチ」という概念を持ち出してきてサイゼリヤとの価値比較をした上で、「自分は後者を好む」とご丁寧に主張なさるというのは、前者を好む人たちよりも自分たちは優位にあるという主張にこそ主眼がある、ということでしょう。これは「ルサンチマンに囚われた人は、ルサンチマンの原因となっている価値判断を転倒させようとする」というニーチェの指摘にまったく合致します。

さらにニーチェの指摘を加えれば、ルサンチマンを抱えた人は「ルサンチマンに根ざした価値判断の逆転」を提案する言論や主張にすがりついてしまう傾向があります。

そのようなコンテンツの典型例として、ニーチェ自身は「貧しい人は幸いである」と説いた聖書を挙げています。他にも「労働者は資本家よりも優れている」と説いた『共産党宣言』もまたそのようなコンテンツとして整理できるかも知れません。両書がともに、全世界的に爆発的に普及したことを考えれば、ルサンチマンを抱えた人に価値の逆転を提案するというのは、一種のキラーコンセプトなのだと言えるかもしれません。

私個人は聖書の愛読者でもあり、ニーチェの指摘には首肯しかねる部分も多々あるのですが、古代以来、本書で紹介している哲学者の書籍を含め、多くのキラーコンテンツが、その時代における大きな価値判断の逆転を含んでいたことは否定できません。このような「価値判断の逆転」が、単なるルサンチマンに根ざしたものなのか、より崇高な問題意識に根ざしたものなのかを私たちは見極めなければなりません。だからこそ、ルサンチマンという複雑な感情とそれが喚起する言動のパターンについての理解が不可欠なのです。

最後に、本書の別箇所でも取り上げているフランシス・ベーコンの言葉を紹介して本節を閉じることにしましょう。

富を軽蔑するように見える人々を余り信用しないがよい。富を得る望みのない人々が、それを軽蔑するからである。こういう人々が富を得るようになると、これほど始末に困る手合いはいない。

フランシス・ベーコン『ベーコン随想集』

05 ペルソナ
——私たちは皆「仮面」を被って生きている

カール・グスタフ・ユング（1875—1961）
スイスの精神科医・心理学者。初期にはフロイトに師事したものの、やがて決裂し、その後独自研究から分析心理学（ユング心理学）を創始した。ユングの研究は心理学のみならず、人類学、考古学、文学、哲学、宗教研究にも大きな影響を与えた。

パーソナリティとはそれ自体の定義からして本来的には短期に大きく変化しないものです。心理学者のユングはパーソナリティのうち、外界と接触している部分をペルソナという概念で説明しています。ペルソナとは、元来は古典劇において役者が用いた「お面」のことです。ユングは「ペルソナとは、一人の人間がどのような姿を外に向かって示すかということに関する、個人と社会的集合体とのあいだの一種の妥協である」と説明しています。つまり、実際の自分のあり様を保護するために外向きに形成された「お面」ということですが、実際の妥協の範囲はそれほど明確に意識されているわけではなく、常に「どこまでが面でどこまでが顔なのか」という問いがついて回ることになります。

パントマイムを芸術の領域まで高めて「沈黙の詩人」と言われたマルセル・マルソーのパフォーマンスに、自分の着けている仮面がとれなくなって困るピエロの話があります。マルセル・マルソーの演技自体が迫真的なのもありますが、この「着けているお面がはがれなくなる」という話には、我々の背筋を冷たくさせる何か本質的なものが隠されていることを感じさせます。

あるいは有名なレオンカヴァロの「道化師」。これはイタリアで実際に起こった事件を題材にした歌劇ですが、劇中劇の中で主人公は劇と現実の区別がつかなくなって妻を殺してしまいます。これはマルセル・マルソーのパフォーマンスとは逆に本来仮面をつけて過ごすべきところに素面を露出してしまうことの危険性を語っています。

「仮面と真実の姿の境界があいまいになる」というモチーフに我々が引きつけられるのは、自分たちのアイデンティティやパーソナリティといったものが実際には大変脆弱であって、外部環境次第で歪められたり、隠しておきたかった無意識が表出したりする恐れがあることを我々が認識しているからなのかも知れません。

私自身も、自分のパーソナリティとは異なる仮面を、所属した組織の要請によって被っていた時期がしばらくありましたが、これは後になってみるとやはりあまり幸福な時期ではなかったように思います。私と個人的に親しい人は、私が非常にフラットで階層や階級を嫌うこと、合理的な個人主義者で根性論や感情論に流された全体主義を嫌悪することをよく知っています。しかし、そういう私が、非常に階層意識が強く軍隊的にマッチョな行動様式を求められる会社、あるいは根性論と全体主義が合理性に先行する会社に所属していた際に、自分らしい振る舞いを組織の影響を受けずにずっと保っていられたかというと、やはりこれは非常に難しかったと言わざるを得ません。

恐ろしいのは、自分自身が「自分らしくない」言動をとるようになっていても、そのことに当の本人がまったく気づかないということです。20代の後半の頃、実家に帰った際に取引先との電話をしていたところを母に聴かれ、大変驚かれたことがあります。つまり「まったくあならしくない」ということに驚かれたわけですが、そのように自分が変化していること自体にまた私自身が驚いたということがありました。今になって考えてみれば、話し方や考え方も、ずいぶん素の自分から無理をして「仮面」を被っていたんだな、ということがわかるのですが、当時はそう指摘されるまでまったく気がつかなかったんですね。

さて、このように考えていくと「自分」と「ペルソナ＝仮面」の不一致はネガティブなものに思われるでしょうが、ことはそう単純ではありません。人の人格は多面的なもので、ある場所でまとっていたペルソナを別の場所では別のペルソナに切り替えることで、なんとか人格のバランスを保って生きている、というのもまた人間の実際の姿です。人間が、ある程度心地よく生きていこうとするのであれば、一種の多重人格性が必要なのではないか、ということなのですが、あるテクノロジーの登場が、それをものすごくやりにくくしているように思います。それは携帯電話です。

人は、所属する会社や学校、家庭や友人関係、ＳＭクラブや自治会といった組織やコミュニティの中に、いろいろな立場や役回りを持っているわけですが、それらは必ずしも一貫したアイデンティティを有しているわけではありません。昼間は強面で鳴らすおっかない管理職が夜には新宿二丁目のＳＭクラブで変態プレイに随喜の涙を流していたりするわけで、そこに（一見すると）通底したパーソナリティを見いだすことはなかなか難しい。しかし、だからこそ社会は成り立ってきたのではないか、という考え方もできます。

立場や役回りを縦のサイロと考えた場合、そのサイロに横串は通さない方がいい。サイロそのものは自分で建てようと思って建てるケースもあれば、人生の流れでいつの間にか建ってしまったものもあって、必ずしも全てのサイロを納得ずくで持っているわけでもないんですが、全体としてはそのサイロのポートフォリオによって多くの人は人格のバランスを維持していると思うわけです。

ところが携帯電話というものが出てきたことによって、このサイロに強烈な横串が通り始めている気がします。例えばイジメというのはおそらく古代からあったことだと思うのですが、いまになって問題の深刻度が増しているのは、子供たちが学校と家庭という二つのサイロを使い分けられなくなってきていることに理由があると思っています。いじめられっ子は、学校でどんなにつらいイジメにあったとしても家に帰ってくれれば物理的にも心理的にも学校とは一旦距離を置くことができるわけですが、携帯電話というバーチャルな横串は学校というサイロから心理的に分離することをいじめられっ子に対して許容しません。

これはサラリーマンが家庭と職場と個人という三つの人格要素、ユング的に言えばまさに「仮面=ペルソナ」ですが、を使い分けることが難しくなってきていることにもつながっています。物理的にどのような場所に居ようと、どのような社会的な立場(例:地元の釣りコミュニティの幹事、変態クラブのVIP客、湾岸の夜の帝王等)にあろうと、会社人としてのペルソナや家庭人としてのペルソナがついて回ることになります。こうなるとサイロのポートフォリオでうまくバランスをとって生きていく、という人類が古代からやってきた生きる戦略そのものが機能しないことになるわけで、これは実は多くの人が考えているよりずっと大変な問題なのではないか、という気がしているんですよね。

もしそういう方向に流れていくのだとすると、結論は単純で、サイロのポートフォリオでバランスをとる戦略はもう機能しないので、一つ一つのサイロそのもののスクラップ&ビルド、つまり気に入らないサイロ、ストレスレベルの高いサイロからはどんどん逃げろ、ということになります。この「逃げる」というキーワードは、ドゥルーズが提唱した「パラノとスキゾ」というコンセプトを紹介する際にも出てきますが、あらためて今後の人生戦略を考える上で重要なキーワードだと思います。

06
自由からの逃走
——自由とは、耐え難い孤独と痛烈な責任を伴うもの

エーリッヒ・フロム（1900―1980）

ドイツ出身の社会心理学、精神分析、哲学研究者。ヒトラーが政権を掌握した1933年以降は主にアメリカで活動した。フロイト以降の精神分析に関する知見を社会情勢全般の分析に適応させた。主著『自由からの逃走』において、ファシズムの心理学的起源を明らかにし、民主主義社会が取るべき処方箋を提案した。

現代に生きる私たちは、無条件に「自由」を良いものだと考えています。しかし、本当に「自由」というのは、そんなに良いものなのでしょうか？　エーリッヒ・フロムは、彼の主著『自由からの逃走』を通じて、私たちの「自由」に対する認識に大きな揺さぶりをかけます。

哲学や思想に関する名著には、いくつか「著書の題名」そのものがコンセプチュアルに内容を主張しているものがありますが、フロムの『自由からの逃走』は、本書別箇所で取り上げているハンナ・アーレントの『エルサレムのアイヒマン／悪の陳腐さについての報告』と並んでその白眉とも言えるものだと思います。

あらためて考えてみれば「自由からの逃走」というのは、奇妙な言い回しです。私たちは「制約や束縛」から「逃走」して「自由」を獲得するというイメージを持っています。ピーター・フォンダとデニス・ホッパーが主演した映画『イージー・ライダー』は、まさしくそのようなイメージの象徴として、映画冒頭において腕時計を道路に投げ捨てるという伝説のシーンからスタートしています。が、しかし、フロムの題名は『自由からの逃走』となっている。なぜ「自由」から「逃走」しなければならないのか。フロムは以下のように考察します。

市民が、中世以来続いた封建制度への隷属から解放されるのはヨーロッパでは16世紀から18世紀にかけて、ルネサンスと宗教改革を経てからのことで、日本では明治維新を経てから、ということになります。この過程で市民が「自由」を獲得するまでには、多数の犠牲が伴っており、いわば「自由」というのは、非常に高価な買い物であったわけですが、ではその「高価な自由」を手に入れた人々はそれで幸せになったのか。

フロムはこの問いを考察するに当たって、ナチスドイツで発生したファシズムに注目します。なぜ、高価な代償を払って獲得した「自由の果実」を味わった近代人が、それを投げ捨て、ファシズムの全体主義にあれほどまでに熱狂したのか。「鋭い考察」はいつも「鋭い問い」から生まれます。この「問い」に対するフロムの回答もまた、私たちに突き刺さるような鋭いものです。

自由であることには耐え難い孤独と痛烈な責任を伴う。これらに耐えつつなお、真の人間性の発露と言えるような自由を希求し続けることによって初めて人類にとって望ましい社会は生まれるはずですが、しかし、自由がその代償として必然的に生みだす、刺すような孤独と責任の重さに多くの人々は疲れ果て、高価な代償を払って手に入れた「自由」を投げ捨ててナチズムの全体主義に傾斜することを選んだ。フロムの分析をまとめればこのようになります。

特に、ナチズム支持の中心となったのは小さな商店主、職人、ホワイトカラー労働者などから成る下層および中産階級だったという点にも注意が必要でしょう。というのも、いままさに日本で進んでいる「自由な働き方」の主な対象となっているのも、同様の層だからです。

フロムはまた、自由から逃れて権威に盲従することを選んだ一群の人々に共通する性格特性についても言及しています。フロムはナチズムを歓迎した下層中産階級の人々が、自由から逃走しやすい性格、自由の重荷から逃れて新しい依存と従属を求めやすい性格であるとし、これを「権威主義的性格」と名付けました。フロムによれば、この性格の持ち主は権威に付き従うことを好む一方で、他方では「自ら権威でありたいと願い、他のものを服従させたいとも願っている」。つまり、自分より上のものには媚びへつらい、下のものには威張るような人間の性格です。この権威主義的性格こそが、ファシズム支持の基盤となったものだとフロムは言います。

ではどうすればいいのか。『自由からの逃走』の最後に、フロムは次のように回答していま す。人間の理想である、個人の成長、幸福を実現するために、自分を分離するのではなく、自分自身でものを考えたり、感じたり、話したりすることが重要であること。さらに、何よりも不可欠なのは「自分自身であること」について勇気と強さを持ち、自我を徹底的に肯定することだ、と。

さて、これらのフロムによる考察・指摘は、現代を生きる私たちにとって、どんな示唆や洞察を与えてくれるでしょうか。現在の日本で生を営む私たちは、企業や地域などの束縛を離れ、自由に生きるということを絶対善として崇め奉りながら、そこに疑いを挟むことのない前提として、様々な施策を講じています。パラレルキャリア、働き方改革、第四次産業革命などは全て、中世から近代、近代から現代へと連綿と続いている「自由・解放」という大きなベクトルの上にある。

しかしでは、本当に私たちは、組織やコミュニティからの束縛を受けない、より自由な立場になったとして、本当により幸福で豊かな生を送ることができるようになるのでしょうか。フロムの分析をもとに考えれば、それは「自我と教養の強度による」ということになるのでしょう。自由というものが突きつけてくる重荷に対して、私たちはあまりにも訓練されていません。ではどうするか？　自由の追求をあきらめて全体主義の衆愚に陥るべきなのか？　確かに、世界にはそのような流れとして整理できる現象が増えてきています。あるいは職業が世襲され、身分が固定化されていた中世のような世の中に戻るべきなのか。そのような社会の方が心地よいものに感じられる、という人も少なくないでしょう。あるいはまた、自由というものが突きつけてくる孤独と責任を受け止めながら、より自分らしい生を送るための精神力と知識を持った人々を育てていくのか。選択肢は様々ですが、確かなのは、その選択肢の中からどれを選ぶのかということは、過去でも未来でもない、現在を生きている私たちに突きつけられたオプションだということです。

07 報酬

——人は、不確実なものにほどハマりやすい

バラス・スキナー（1904―1990）
アメリカの心理学者。いわゆる行動心理学の創始者。自由意志とは幻想であり、ヒトの行動は過去の行動結果に依存する、と考える「強化理論」を唱えた。

電車に乗ると概ね見渡す人の半分はスマートフォンを覗き込み、筆者の経験的概算値から、そのうちのさらに半分はソーシャルメディアをいじくっているようです。こういう状況になると週刊誌が売れないのも仕方がないなあ、と思いながら、ふと考えたのが「人はなぜソーシャルメディアにハマるのか」という問題です。いろんな答えが考えられると思いますが、ここでは「脳の報酬」というコンセプトから考察してみましょう。

報酬系に関する研究の嚆矢にスキナーという人がいます。大学で心理学の授業をとったことがある人はバラス・スキナーの名前を聞いたことがあるかも知れません。あの有名な、レバーを押し下げるとエサが出る箱＝スキナーボックスを作って、ネズミがどういう行動をするかを

研究した人です。

スキナーは、次の四つの条件を設定し、ネズミがもっともレバーを押し下げるようになるのはどの条件下か、という実験を行いました。

①レバーの押し下げに関係なく、一定時間間隔でエサが出る＝固定間隔スケジュール
②レバーの押し下げに関係なく、不定期間隔でエサが出る＝変動間隔スケジュール
③レバーを押すと、必ずエサが出る＝固定比率スケジュール
④レバーを押すと、不確実にエサが出る＝変動比率スケジュール

さあ、あなたはどれが答えだと思いますか？

スキナーの実験によると、レバーを押し下げる回数は、上記の④→③→②→①の順で減少することがわかっています。この結果について、特に注意して欲しいのが「③レバーを押すと、必ずエサが出る」よりも、「④レバーを押すと、不確実にエサが出る」という条件の方が、どうもネズミは動機付けされているらしい、という点です。この結果は、私たちが考える「報酬のあるべき姿」からすると、かなり違和感のあるものではないでしょうか。

これはいわゆる「行為の強化」に関する実験ですが、行為は、その行為による報酬が必ず与

えられるとわかっている時よりも、不確実に与えられる時の方がより効果的に強化される、ということです。

翻って、この実験結果を人間に当てはめて考えてみると、「不確実なものほどハマりやすい」という生理的傾向が、社会の様々な側面に応用されていることがわかります。

まずわかりやすいのがギャンブルです。ラスヴェガスのスロットマシンも日本のパチンコも確率を変動させながら報酬を与える仕組みになっていて、これにハマる人が後を絶たない。

数年前に社会問題になったコンプガチャも、まさに変動比率スケジュールによってレアなガチャが出る、という仕組みになっているわけで、こういう領域でいろいろとサービスを開発している人たちの人間性に関する洞察の鋭さには本当に戦慄させられますね。

そして最後に思いつくのがツイッターやフェイスブック等のソーシャルメディアです。もしかしたら「ソーシャルメディアが報酬系」と言われて違和感を覚える方も多いかも知れません。スロットマシンやパチンコはお金や景品という報酬があるけど、ソーシャルメディアにはどんな報酬があるの？　という疑問ですね。確かにソーシャルメディアは金銭的報酬を与えてくれません。

ソーシャルメディアが人に与えてくれる報酬はドーパミンです。

気がつくとツイッターやフェイスブックばかり見ている。メール受信の通知を見ると中身を確認せずにはいられない。こういった行為はドーパミンのなせる業だと考えられています。

ドーパミンは、もともとはスウェーデン国立心臓研究所のアルビド・カールソンとニルスオーケ・ヒラルプが1958年に発見した物質です。

長いこと、ドーパミンは快楽物質であると考えられてきました。しかし、最近の研究では、ドーパミンの効果は人に快楽を感じさせることよりも、何かを求めたり、欲したり、探させたりすることであることがわかってきています。ドーパミンが駆動するのは覚醒、意欲、目標志向行動などで、その対象には食べ物、異性などの物質的欲求だけでなく、抽象的な概念、つまり素晴らしいアイデアや新しい知見といったものも含まれます。

ちなみに最近の研究では快楽に関与しているのはドーパミンよりオピオイドであることがわかっています。ケント・バーリッジの研究によれば、この二つの系＝欲求系ドーパミンと快楽系オピオイドは相補的に働くらしい。つまり人をコントロールするエンジンとブレーキのような役割ということです。欲求系＝ドーパミンにより特定の行動に駆り立てられ、快楽系＝オピオイドが満足を感じさせて追求行動を停止する。

そしてここが重要な点なのですが、一般に欲求系は快楽系より強く働くため、多くの人は常に何らかの欲求を感じて追求行動に駆り立てられているのです。

ドーパミンシステムは、予測できない出来事に直面したときに刺激されます。予測できない出来事、つまりスキナーボックスの実験条件＝④の場合、ということです。

ツイッターやフェイスブック、メールは予測できません。これらのメディアは変動比率スケジュールで動いているため、人の行動を強化する（繰り返しそれを行わせる）効果が非常に強いのです。

なぜソーシャルメディアにハマるのか？　それは「予測不可能だから」というのが、近年の学習理論の知見がもたらしてくれる答えだということになります。

08

アンガージュマン
——人生を「芸術作品」のように創造せよ

ジャン・ポール・サルトル（1905—1980）
フランスの哲学者、小説家、劇作家。内縁の妻はシモーヌ・ド・ボーヴォワール。右目に強度の斜視があり、1973年にはそれまで読み書きに使っていた左目を失明した。自分の意志でノーベル賞を拒否した最初の人物である。

サルトルといえば「実存主義」ということになるわけですが、では「実存主義」とは何か。本書の冒頭で、哲学者は「どのように生きるべきか？」という「Howの問い」と、「世界はどのように成り立っているのか」という「Whatの問い」の二つに取り組んできた、という話はしましたね。実存主義というのは、要するに「私はどのように生きるべきか？」という「Howの問い」を重視する立場だ、ということです。

では、その「問い」に対して、サルトルはどのように答えるか。それが「アンガージュマンせよ」ということです。アンガージュマンと聞くと、何やら高尚な哲学用語に思えるかも知れませんが、なんということはない、英語のエンゲージメントのことです。ニュアンスとしては

「主体的に関わることにコミットする」というような感じでしょうか。では、何にコミットするのか？　サルトルによれば、それは二つあります。

一つは、私たち自分自身の行動だということになります。現代の民主主義社会で生きている私たちには、自分の行動を主体的に選択する権利が与えられています。そのような社会に生きている以上、私たちの行動や選択は自由であり、したがって「何をするか」や「何をしないのか」という意思決定について、自分で責任をとる必要があります。本書ではすでにエーリッヒ・フロムの項で「自由のしんどさ」については考察していますが、サルトルの実存主義においてもまた「自由」はとても「重たいもの」として位置付けられています。サルトルはこれを指して「人間は自由の刑に処されている」と言っています。

さらにサルトルは、私たちは「自分の行動」に責任があるだけでなく、この世界にも責任があると主張します。これがアンガージュマンによってコミットする二つ目の対象となる「世界」です。サルトルによれば、私たちは、自分たちの能力や時間……つまり「人生そのもの」を使って、ある「企て」を実現しようとしているのであり、私たちに起きることは全て、その「企て」の一部として引き受けなければならない、ということになります。

「人の一生のうちに〝偶発事件〟などというものは存在しえない」とさえサルトルは言います。サルトルが例に挙げているのは戦争です。戦争を、人生の外側からやってきた事件のように考えるのは間違っている、その戦争は「私の戦争」にならなくてはいけない、なぜなら私は反戦運動に身を投じることも、兵役拒否をして逃走することも、自殺によって戦争に抗議することもできたはずなのに、それらをせず、世間体を気にして、あるいは単なる臆病さから、あるいは家族や国家を守りたいという主体的な意志によって、この戦争を「受け入れた」からです。あらゆることが可能であるのに対して、それをせずに受け入れた以上、それはあなたにとっての選択である……実に厳しい指摘ですが、これがサルトルの言う「自由の刑に処されている」ということです。

私たちは外側の現実と自分を二つの別個のものとして考える癖がありますが、サルトルはそのような考え方を否定します。外側の現実は私たちの働きかけ（あるいは働きかけの欠如）によって、「そのような現実」になっているわけですから、外側の現実というのは「私の一部」であり、私は「外側の現実の一部」で両者は切って離すことができないということです。だからこそ、その現実を「自分ごと」として主体的に良いものにしようとする態度＝アンガージュマンが重要になるわけです。

ところが実際のところはどうか。サルトルの苦言は現在の日本に生きる私たちには厳しいものに響きます。私たちの目標が、自分の存在と自由（選択可能な範囲の広がり）をしっかりと認識した上で、その価値を認めることであるにもかかわらず、多くの人はその自由を行使することなく、社会や組織から命じられた通りに行動する「クソマジメな精神」を発揮してしまう、というのがサルトルの指摘です。就職先なんて自由に選べば良いはずなのに、その「自由」に耐えられずに就職人気ランキングの上位の会社ばかりを受けてしまう、というのは典型的な「クソマジメな精神」と言えます。

いわゆる「成功」というのは、社会や組織の命じるままに行動し、期待された成果を上げることを意味しますが、サルトルは「そんなものはなんら重要ではない」と断定します。自由であるということは、社会や組織が望ましいと考えるものを手に入れることではなく、選択するということを自分自身で決定することだ、とサルトルは指摘します。

このサルトルの指摘は、私が前著『世界のエリートはなぜ「美意識」を鍛えるのか?』で紹介した、現代アーティストのヨーゼフ・ボイスの「社会彫刻」というコンセプトにも重なります。確認すれば、私たちは世界という作品の制作に集合的に関わるアーティストであり、であるからこそ、この世界をどのようにしたいかというビジョンをもって、毎日の生活を送るべきだ、というのがボイスのメッセージでした。サルトルもまた、目の前の組織や社会から突きつけられるモノサシによって自己欺瞞に陥ることなく、自分自身の人生を完全な自由から生まれる芸術作品のように創造することで初めて、自分としての可能性に気づくことができるのだと言います。

09 悪の陳腐さ
——悪事は、思考停止した「凡人」によってなされる

ハンナ・アーレント（1906―1975）
アメリカの政治学者、評論家、政治思想家、哲学者。ドイツに生まれたがユダヤ人であったため、ナチス政権成立後にパリに亡命、のちにアメリカに亡命し、シカゴ大学教授を歴任。ナチズム、スターリニズムなどの全体主義国家の歴史的位置と意味の分析をし、現代社会の精神的危機を考察した。著書『全体主義の起源』、『人間の条件』、『エルサレムのアイヒマン』など。

ナチスドイツによるユダヤ人虐殺計画において、600万人を「処理」するための効率的なシステムの構築と運営に主導的な役割を果たしたアドルフ・アイヒマンは、1960年、アルゼンチンで逃亡生活を送っていたところを非合法的にイスラエルの秘密警察＝モサドによって拿捕され、エルサレムで裁判を受け、処刑されます。

このとき、連行されたアイヒマンの風貌を見て関係者は大きなショックを受けたらしい。それは彼があまりにも「普通の人」だったからです。アイヒマンを連行したモサドのスパイは、アイヒマンについて「ナチス親衛隊の中佐でユダヤ人虐殺計画を指揮したトップ」というプロ

ファイルから「冷徹で屈強なゲルマンの戦士」を想像していたらしいのですが、実際の彼は小柄で気の弱そうな、ごく普通の人物だったのです。しかし裁判は、この「気の弱そうな人物」が犯した罪の数々を明らかにしていきます。

この裁判を傍聴していた哲学者のハンナ・アーレントは、その模様を本にまとめています。この本、主題はそのまんま『エルサレムのアイヒマン』となっていてわかりやすいのですが、問題はその副題です。アーレントは、この本の副題に「悪の陳腐さについての報告」とつけているんですよね。「悪の陳腐さ」……奇妙な副題だと思いませんか。通常、「悪」というのは「善」に対置される概念で、両者はともに正規分布でいう最大値と最小値に該当する「端っこ」に位置付けられます。しかし、アーレントはここで「陳腐」という言葉を用いています。「陳腐」というのは、つまり「ありふれていてつまらない」ということですから、正規分布の概念をあてはめればこれは最頻値あるいは中央値ということになり、我々が一般的に考える「悪」の位置付けとは大きく異なります。

アーレントがここで意図しているのは、我々が「悪」についてもつ「普通ではない、何か特別なもの」という認識に対する揺さぶりです。アーレントは、アイヒマンが、ユダヤ民族に対する憎悪やヨーロッパ大陸に対する攻撃心といったものではなく、ただ純粋にナチス党で出世するために、与えられた任務を一生懸命にこなそうとして、この恐るべき犯罪を犯すに至った

経緯を傍聴し、最終的にこのようにまとめています。曰く、

「悪とは、システムを無批判に受け入れることである」と。

その上でさらに、アーレントは、「陳腐」という言葉を用いて、この「システムを無批判に受け入れるという悪」は、我々の誰もが犯すことになってもおかしくないのだ、という警鐘を鳴らしています。

別の言い方をすれば、通常、「悪」というのはそれを意図する主体によって能動的になされるものだと考えられていますが、アーレントはむしろ、それを意図することなく受動的になされることにこそ「悪」の本質があるのかも知れない、と指摘しているわけです。

私たちは、もちろん所与のシステムに則って日常生活を営んでおり、その中で仕事をしたり遊んだり思考したりしているわけですが、私たちのうちのどれだけが、システムの持つ危険性について批判的な態度を持てているか、少なくとも少し距離をおいてシステムそのものを眺めるということをしているかと考えると、これははなはだ心もとない。

自分も含め、多くの人は、現行のシステムがもたらす悪弊に思いを至らすよりも、システムのルールを見抜いてその中で「うまくやる」ことをつい考えてしまうからです。しかし、過去

の歴史を振り返ってみれば、その時代その時代に支配的だったシステムがより良いシステムにリプレースされることで世界はより進化してきたという側面もあるわけで、現在私たちが乗っかっているシステムも、いずれはより良いシステムにリプレースさせられるべきなのかも知れません。

仮にそのように考えると、究極的には世の中には次の二つの生き方があるということになります。

①現行のシステムを所与のものとして、その中でいかに「うまくやるか」について、思考も行動も集中させる、という生き方

②現行のシステムを所与のものとせず、そのシステム自体を良きものに変えていくことに、思考も行動も集中させる、という生き方

残念ながら、多くの人は右記の①の生き方を選択しているように思います。書店のビジネス書のコーナーを眺めてみればわかる通り、ベストセラーと呼ばれる書籍は全てもう嫌らしいくらいに右記の①の論点に沿って書かれたものです。

こういったベストセラーはだいたい、現行のシステムの中で「うまくやって大金を稼いだ人」

によって書かれているため、これを読んだ人が同様の思考様式や行動様式を採用することでシステムそのものは自己増殖/自己強化を果たしていくことになります。しかし、本当にそういうシステムが継続的に維持されることはいいことなのでしょうか。

話を元に戻せば、ハンナ・アーレントの提唱した「悪の陳腐さ」は、20世紀の政治哲学を語る上で大変重要なものだと思います。人類史上でも類を見ない悪事は、それに見合うだけの「悪の怪物」が成したわけではなく、思考を停止し、ただシステムに乗っかってこれをクルクルとハムスターのように回すことだけに執心した小役人によって引き起こされたのだ、とするこの論考は、当時衝撃を持って受け止められました。

凡庸な人間こそが、極め付けの悪となりうる。「自分で考える」ことを放棄してしまった人は、誰でもアイヒマンのようになる可能性があるということです。その可能性について考えるのは恐ろしいことかも知れませんが、しかし、だからこそ、人はその可能性をしっかりと見据え、思考停止してはならないのだ、ということをアーレントは訴えているのです。私たちは人間にも悪魔にもなり得ますが、両者を分かつのは、ただ「システムを批判的に思考する」ことなのです。

10 自己実現的人間

——自己実現を成し遂げた人は、実は「人脈」が広くない

エイブラハム・マズロー（1908―1970）

アメリカの心理学者。精神病理の理解を目的とする精神分析と人間と動物を区別しない行動主義心理学の間の、いわゆる「第三の勢力」としての人間性心理学を提唱した。人間の欲求には段階があるという「欲求五段階説」でよく知られている。

マズローの欲求五段階説については、すでにご存知の方が多いと思います。確認しておけば、マズローは、人間の欲求を次の五段階に分けて構造化しました。

第一段階：生理の欲求（Physiological needs）
第二段階：安全の欲求（Safety needs）
第三段階：社会欲求と愛の欲求（Social needs / Love and belonging）
第四段階：承認（尊重）の欲求（Esteem）
第五段階：自己実現の欲求（Self-actualization）

マズローの欲求五段階説は、皮膚感覚にとても馴染むこともあって、爆発的と言っていいほどに浸透したわけですが、実証実験ではこの仮説を説明できるような結果が出ず、未だにアカデミックな心理学の世界では扱いの難しい概念のようです。マズロー自身は、これらの欲求が段階的なものであり、より低次の欲求が満たされることで、次の段階の欲求が生まれると考えていたようですが、この考え方も後にあらためるなど、提唱者自身の言説にもかなりの混乱が見られます。

確かに、少なくない数の成功者は、功成り、名を遂げた後で、セックスやドラッグにはまり込んでいくことを私たちは知っています。セックスというのはこの枠組みで普通に解釈すれば、第一段階の「生理の欲求」ということになりますから、マズローが当初主張した「欲求のレベルがシーケンシャルに不可逆に上昇していく」という仮説は、ちょっと考えただけで誤りだということがわかります。このように書くと、もしかしたら「いや、それはマズローの言う意味での〝生理の欲求〟とは違うんだ」といった反論があるかも知れませんが、そもそもマズロー自身による「欲求の定義」は、もとから曖昧な上に、時間軸で揺れ動いているようなところがあるので、こういった議論にはあまり意味がないように思います。本書の別箇所で説明したプラグマティズムに則れば、マズローの欲求五段階説の正しい解釈を考えるよりも、それが自分の人生においてどのように役立つのかを考えるほうがはるかに重要です。

おそらくこの本を手に取られている方は、欲求五段階説の概要については既知だと思いますので、ここではこれ以上、このコンセプトへ踏み込むのは止めて、「自己実現」に関する、マズローの別の研究について触れたいと思います。

マズローは、欲求五段階説の最高位にある「自己実現」を果たしたと、マズロー自身がみなした多くの歴史上の人物と、当時存命中だったアインシュタインやその他の人物の事例研究を通じて、「自己実現を成し遂げた人に共通する15の特徴」を挙げているんですね。

①現実をより有効に知覚し、それとより快適な関係を保つこと
願望・欲望・不安・恐怖・楽観主義・悲観主義などに基づいた予見をしない。未知なものや曖昧なものにおびえたり驚いたりせず、むしろ好む。

②受容（自己・他者・自然）
人間性のもろさ、罪深さ、弱さ、邪悪さを、ちょうど自然を自然のままに無条件に受け入れるのと同じように受け入れることができる。

③自発性、単純さ、自然さ

行動、思想、衝動などにおいて自発的である。行動の特徴は単純で、自然で、気取りや効果を狙った緊張がない。

④課題中心的

哲学的、倫理的な基本的問題に関心があり、広い準拠枠の中で生きている。木を見て森を見失うことがない。広く、普遍的で、世紀単位の価値の枠組みをもって仕事をする。

⑤超越性―プライバシーの欲求

独りでいても、傷ついたり、不安になったりしない。孤独やプライバシーを好む。このような超越性は、一般的な人たちからは、冷たさ、愛情の欠落、友情のなさ、敵意などに解釈される場合もある。

⑥自律性―文化と環境からの独立・意思・能動的人間

比較的に物理的環境や社会的環境から独立している。外部から得られる愛や安全などによる満足は必要とせず、自分自身の発展や成長のために、自分自身の可能性と潜在能力を頼みとする。

⑦認識が絶えず新鮮であること

人生の基本的なモノゴトを、何度も新鮮に、純真に、畏敬や喜び、驚きや恍惚感などをもちながら認識し、味わうことができる。

⑧神秘的経験──至高体験

神秘的な体験をもっている。恍惚感と驚きと畏敬を同時にもたらすような、とてつもなく重要で価値のある何かが起こったという確信である。

⑨共同社会感情

人類一般に対して、時には怒ったり、いらだったり、嫌気がさしても、同一視や同情・愛情をもち、人類を助けようと心から願っている。

⑩対人関係

心が広く深い対人関係をもっている。少数の人たちと、特別に深い結びつきをもっている。これは、自己実現的に非常に親密であるためには、かなりの時間を必要とするからである。

⑪民主的性格構造

もっとも深遠な意味で民主的である。階級や教育制度、政治的信念、人種や皮膚の色などに関係なく、彼らにふさわしい性格の人とは誰とでも親しくできる。

⑫手段と目的の区別、善悪の区別

非常に倫理的で、はっきりとした道徳基準をもっていて、正しいことを行い、間違ったことはしない。手段と目的を明確に区別でき、手段よりも目的の方にひきつけられる。

⑬哲学的で悪意のないユーモアのセンス

悪意のあるユーモア、優越感によるユーモア、権威に対抗するユーモアでは笑わない。彼らがユーモアとみなすものは、哲学的である。

⑭創造性

特殊な創造性、独創性、発明の才をもっている。その創造性は、健康な子供の天真爛漫で普遍的な創造性と同類である。

⑮文化に組み込まれることへの抵抗

自己実現的人間は、いろいろな方法で文化の中でうまくやっているが、非常に深い意味で、文化に組み込まれることに抵抗している。社会の規制ではなく、自らの規制に従っている。

一つ一つの指摘にそれぞれ深遠な響きがあり、自分がそのような存在であるか、と省みるための大きな契機になるように感じられるのではないでしょうか。これらの一つ一つを取り上げて考察するだけでも一冊の本になりそうですが、ここで特に取り上げたいのが「⑤超越性―プライバシーの欲求」と「⑩対人関係」です。これら二つの項目を読めば、マズローが「自己実現的人間」とみなす人は、孤立気味であり、いわゆる「人脈」も広くないということになります。これは、私たちが考える、いわゆる「成功者」のイメージとは、かなり異なる人間像ですよね。

私たちは一般に、知人や友人は多ければ多いほど良い、と思う傾向があります。確かに、友人や知人の数が多ければ、例えば仕事で声をかけてもらうとか、あるいは何かのときに助けてもらうことは、より容易になると思われます。だからこそフェイスブックの友達数やツイッターのフォロワー数は「多ければ多いほど良い」と考えられているわけですが、マズローの考察によれば、成功者中の成功者である「自己実現的人間」は、むしろ孤立ぎみで、ごく少数の人とだけ深い関係をつくっている。このマズローの指摘は、ソーシャルメディアなどを通じてどんどん「薄く、広く」なっている私たちの人間関係について、再考させる契機なのではないかと思うんですよね。

実は、同様の指摘をしている人が、過去の賢人の中にもいます。例えば『荘子』の「山木篇」に「小人の交わりは甘きこと醴の如し、君子の交わりは淡きこと水の如し」という言葉があります。醴とは甘酒のようなべったりと甘い飲み物のことです。つまり、荘子はモノゴトをわきまえていない小人物の付き合いはベタベタとしており、その逆である君子の付き合いは、水のようにあっさりとしていると言っているわけです。

さらに『荘子』では、以下のように続きます。「君子は淡くして以って親しみ、小人は甘くして以って断つ。彼の故無くして以って合する者は、即ち故無くして以って離る」。つまり、君子の交友は淡いからこそ続き、小人の交友は甘いがゆえにすぐに終わる。必然性もなく、ただ「一緒に居るために一緒に居る」ような付き合いはすぐに終わるのだという、まあかなり意訳していますが、そういうことを言っているわけです。

小人の交わりというのは「故無くして立つ」わけで、そこには自立という観点がありません。つまり、お互いがお互いに依存している状況になっていて、そこから抜け出せずにベタベタと付き合っているということです。心理学ではこの状況を「共依存」という概念で整理します。

共依存はもともと、アルコール依存症の患者がパートナーに依存しながら、また同時にパートナーも患者のケアという行為に自分自身の存在価値を見出していくような状態がしばしば観察されたことから、看護現場において生まれた概念です。そして、ここが重要な点なのですが、共依存の関係にあるアルコール依存症患者とそのパートナーは、アルコール依存症そのものが関係性を維持するための重要な契機になっていることを無意識のうちに理解しているため、依存症の治癒につながるような活動を妨害（＝イネーブリング）したり、結果として患者が自立する機会を阻害したりする、という自己中心性を秘めていることが報告されています。

表面的には「他者のため」という名目で、本人自身もアタマっからそう自覚しながら、実は内に自己本意な存在確認の欲求を秘めている。これが共依存の関係です。

話を元に戻せば、私たちの「広く、薄い」人間関係もまた、そのようになっていないか。マズローによる「自己実現を成し遂げた人は、ごく少数の人と深い関係を築く」という指摘は、今あらためて、私たちの「人のネットワークの有り様」について考えるべき時が来ていることを示唆しているように思えます。

11 認知的不協和

——人は、自分の行動を合理化するために、意識を変化させる生き物

レオン・フェスティンガー（1919—1989）

アメリカの心理学者。社会心理学の父と呼ばれるクルト・レヴィンに師事。認知的不協和理論や社会的比較理論の提唱者として知られる。アイオワ大学、ロチェスター大学、マサチューセッツ工科大学、ミネソタ大学、ミシガン大学、スタンフォード大学にて教壇に立つ。

日本語の「洗脳」は英語の「Brainwashing」の直訳であり、英語の「Brainwashing」は中国語の「洗腦」の直訳です。この用語は、米国の課報機関であるＣＩＡが、朝鮮戦争の捕虜収容所で行われた思想改造について作成した報告書で初めて紹介され、その後、ジャーナリストのエドワード・ハンターが、中国共産党の洗脳技法についての著書を著したことで広く知られるようになりました。

朝鮮戦争当時、米軍当局は、捕虜となった米兵の多くが短期間のうちに共産主義に洗脳されるという事態に困惑していました。今日では、この時に中国共産党が実施していた洗脳技法がどのようなものであったかが、明らかとなっています。

誰かの思想・信条やイデオロギーを変えさせようとする場合、私たちは一般に、反論を強く訴えて説得したり、あるいは拷問にかけたりしなければ難しいのではないか、と考えがちです。しかし、中国が実際にやったのは、全くそういうことではなかったんですね。彼らは捕虜となった米兵に「共産主義にも良い点はある」という簡単なメモを書かせ、その褒賞としてタバコや菓子など、ごくわずかなものを渡していました。たったこれだけのことで、米兵捕虜はパタパタと共産主義に寝返ってしまったのです。

この洗脳手法は、私たちの常識感覚からは大きく外れるように思えますよね。思想や信条を変えさせるために褒賞を渡すということは、つまり「思想・信条を買い取るためのワイロ」なわけですから、多額の報酬でなければ効果がないように思われます。ゲーテの戯曲「ファウスト」では、ファウスト博士は、死後の「魂の服従」を条件に、現世における「人生のあらゆる快楽」を得るという契約を悪魔メフィストフェレスと交わします。「魂の服従」とはつまり、思想・信条を売り渡すということですから、そのためには「現世のあらゆる快楽」くらいの褒賞でないと釣り合わないということでしょう。ところが、米兵捕虜は、思想・信条を変えるに当たって、タバコやお菓子しかもらっていない。これは一体どういうことなのでしょうか。

この不可解なエピソードは認知的不協和理論によって説明することができます。認知的不協和理論の枠組みに沿って、米兵捕虜の中でどのような心理プロセスが経過したかをなぞってみましょう。まず、自分はアメリカで生まれ育ち、共産主義は敵だと思っています。ところが捕虜になってしまい、共産主義を擁護するメモを書いている。この時、贅沢な褒賞が出ていれば、「贅沢な褒賞のために、仕方なくメモを書いた」ということで、「思想・信条に反するメモを書いた」というストレスは消化されることになります。しかし、実際にもらったのはタバコやお菓子などの、些細な褒賞でしかない。これでは「思想・信条に反するメモを書いた」というストレスは消化されません。ストレスの元は「共産主義は敵である」という信条と「共産主義を擁護するメモを書いた」という行為のあいだに発生している「不協和」ですから、この不協和を解消するためには、どちらかを変更しなくてはなりません。「共産主義を擁護するメモを書いた」というのは事実であって、これは変更できません。変更できるとすれば「共産主義は敵である」という信条の方ですから、こちらの信条を「共産主義は敵だが、いくつか良い点もある」と変更することで、「行為」と「信条」のあいだで発生している不協和のレベルは下げることができる。これが米兵捕虜の脳内で起きた洗脳のプロセスです。ちなみに、レオン・フェスティンガーが認知的不協和の理論をまとめたのは、朝鮮戦争よりも後のことですから、中国共産党は独自にこの洗脳手法を編み出したということになります。その「人間の本性を洞察する力」には驚かされます。

私たちは「意思が行動を決める」と感じますが、実際の因果関係は逆だ、ということを認知的不協和理論は示唆します。外部環境の影響によって行動が引き起こされ、その後に、発現した行動に合致するように意思は、いわば遡求して形成されます。つまり、人間は「合理的な生き物」なのではなく、後から「合理化する生き物」なのだ、というのがフェスティンガーの答えです。

認知的不協和理論について、フェスティンガーが実際に行った実験は次のようなものでした。退屈でつまらない作業を長時間にわたってさせた後で、「実験は終わりですが、今日はアシスタントが休みなので、次の参加者を呼んでください。その際、この実験はとても面白いと伝えてください」と伝えます。要するに「嘘をつけ」と言われるわけです。実際には、次の被験者はサクラで、被験者が言われた通りに嘘をつくかどうかを確認する役を務めます。最後に、被験者は作業の印象について質問用紙に記入して実験は終わります。

この時、参加者には二つの条件が設定されます。第一条件のグループでは、被験者は参加の報酬として20ドルを受け取ります。第二条件のグループでは1ドルしかもらえない。さて、どのような結果が予想されるか。

「退屈な作業だった」という認知と「とても面白かった」という嘘は対立しますから、ここに認知的不協和が生じます。すでに嘘をついた事実は否定できないので、不協和を軽減するためには「退屈な作業だった」という認知を改変するしかありません。

この場合、報酬が高額であれば、不協和は小さくなります。嫌なことであっても報酬のためにやったということにすればいい。しかし、報酬が小さい場合、嘘の正当化は難しくなるので、より「退屈な作業だった」という認知を改変する誘因が強くなります。

果たして結果は、フェスティンガーの仮説通り、少額の報酬しかもらわなかった第二グループの方が、より「楽しい作業だった」と答える比率が高かったのです。私たちは一般に、何かを人に依頼する時、より高い報酬を払った方が、楽しんでやってもらえるのではないか、と考えがちです。しかし、フェスティンガーの認知的不協和に関するこの実験の結果を見れば、そうではない、ということがわかります。

事実と認知とのあいだで発生する不協和を解消させるために、認知を改める。これは人間関係などでもよくある話です。好きでもない男性から、あれこれと厚かましく指示されて手伝っていたところ、そのうちに好きになってしまった、というような話がありますね。これも認知的不協和のなせるわざと考えられます。「好きではない」という認知と「あれこれと世話している」という事実は不協和を発生させます。「あれこれと世話している」という事実は改変できないのですから、不協和を解消させようとすると「好きではない」という気持ちを、「少しは好意があるかも」と改変してしまった方が楽です。かくして、傍若無人にあれこれと命令されて、最初は迷惑そうにしていた女性が、しばらくすると恋に落ちているということになるわけです。

周囲から影響を受け、考えが変わり、その結果として行動に変化が生じると私たちは信じています。人間は主体的存在であり、意識が行動を司っているという自律的人間像です。しかし、フェスティンガーはこの人間観を覆しました。社会の圧力が行動を引き起こし、行動を正当化・合理化するために意識や感情を適応させるのが人間だということです。

12 権威への服従

——人が集団で何かをやるときには、個人の良心は働きにくくなる

スタンレー・ミルグラム（1933—1984）

アメリカの社会心理学者。権威への服従に関する実験、いわゆる「アイヒマン実験」でよく知られる。社会心理学の歴史における最重要人物の一人として広く認識されている。

私たちは一般に、人間には自由意志があり、各人の行動は意志に基づいていると考えています。しかし、本当にそうなのか？　という疑問をミルグラムは投げかけます。この問題を考察するに当たって、ミルグラムが行った社会心理学史上、おそらくもっとも有名な実験である「アイヒマン実験」を紹介しましょう。教養課程で心理学の単位をとったという程度の人であれば、ほとんどの授業内容は忘れていると思いますが、この実験の話だけは覚えているという人が多いようです。具体的には次のような実験でした。

新聞広告を出し、「学習と記憶に関する実験」への参加を広く呼びかける。実験には広告に応じて集まった人から選ばれた二人の被験者と白衣を着た実験担当者（ミルグラムの助手）が

参加します。被験者二人にはクジを引いてもらい、どちらか一人が「先生」の役を、そしてもう一人が「生徒」の役を務める。生徒役は単語の組合せを暗記し、テストを受けます。生徒が回答を間違えるたびに先生役は罰として生徒に電気ショックを与えるという実験です。

クジ引きで役割が決まったら全員一緒に実験室に入ります。電気椅子が設置されており、生徒は電気椅子に縛り付けられる。生徒の両手を電極に固定し、身動きができないことを確認してから先生役は最初の部屋に戻り、電気ショック発生装置の前に座ります。この装置にはボタンが30個付いており、ボタンは15ボルトから始まって15ボルトずつ高い電圧を発生させる……つまり最後のボタンを押すと４５０ボルトの高圧電流が流れるという仕掛けです。先生役の被験者は白衣を着た実験担当者から、誤答のたびに15ボルトずつ電圧を上げるように指示されます。

実験が始まると、生徒と先生はインターフォンを通じて会話します。生徒は時々間違えるので、電気ショックの電圧は徐々に上がる。75ボルトまで達すると、それまで平然としていた生徒はうめき声をもらし始め、それが１２０ボルトに達すると「痛い、ショックが強すぎる」と訴え始めます。しかし実験はさらに続きます。やがて電圧が１５０ボルトに達すると「もうダメだ、出してくれ、実験はやめる、これ以上続けられない、実験を拒否する、助けてください」という叫びを発します。電圧が２７０ボルトになると生徒役は断末魔の叫びを発し始め、３０

0ボルトに至って「質問されてももう答えない！　とにかく早く出してくれ！　心臓がもうダメだ！」と叫ぶだけで、質問に返答しなくなります。

この状況に対して白衣を着た実験担当者は平然と「数秒間待って返答がない場合、誤答と判断してショックを与えろ」と指示します。さらに実験は進み、電圧は上がる。その電圧が345ボルトに達すると、生徒の声は聞こえなくなります。それまで叫び続けていたのに、反応がなくなってしまいます。気絶したのか、あるいは……。しかし白衣の実験担当者は容赦なく、さらに高い電圧のショックを与えるように指示します。

この実験で生徒役を務めているのはあらかじめ決まっているサクラでした。常にサクラが生徒役、応募してきた一般の人が先生役になるようにクジに仕掛けがしてあり、電気ショックは発生しておらず、あらかじめ録音してあった演技がインターフォンから聞こえてくる仕掛けになっていたわけです。しかし、そんな事情を知らない被験者にとって、この過程は現実そのものでした。会ったばかりの罪もない人を事実上の拷問にかけ、場合によっては殺してしまうかも知れない、という過酷な現実です。

さて、読者の皆さんがこの被験者の「先生」の立場であったら、どこで実験への協力を拒否したでしょうか。ミルグラムの実験では、40人の被験者のうち、65％に当たる26人が、痛みで絶叫し、最後には気絶してしまう（ように見える）生徒に、最高の450ボルトの電気ショックを与えました。どう考えても非人道的な営みに、これだけ多くの人が、葛藤や抵抗感を示しながらも、明らかに生命の危険が懸念されるレベルまで実験を続けてしまったわけです。

これほどまでに多くの人が実験を最後まで継続してしまったのはなぜなのか。一つ考えられる仮説としては「自分は単なる命令執行者にすぎない」と、命令を下す白衣の実験担当者に責任を転嫁しているから、と考えることができます。実際に、多くの先生役の被験者は、実験途中で逡巡や葛藤を示すものの、何か問題が発生すれば責任は全て大学側でとるという言質を白衣の実験担当者から得ると、納得したように実験を継続しました。

「自らが権限を有し、自分の意思で手を下している感覚」の強度は、非人道的な行動への関わりにおいて決定的な影響を与えるのではないか。ミルグラムは仮説を明らかにするため、先生役を二人にして、一人にはボタンを押す係を、もう一人には回答の正誤の判断と電圧の数字を読み上げるという役割を与える実験を行いました。このうち、ボタンを押す係はサクラなので、本当の被験者の役割は「回答の正誤を判断し、与える電気ショックの電圧の数字を読み上げる」ことだけとなり、つまり実験への関わりとしては、最初のものよりもより消極的となります。結果たせるかな、最高の450ボルトまで実験を継続した被験者は、40人中37人、つまり93％となり、ミルグラムの仮説は検証されました。

この結果は、逆に責任転嫁を難しくすれば、服従率が下がることを意味します。例えば白衣を着た実験担当者を二人にして、途中からそれぞれが異なった指示を出すようにする。150ボルトに達した時点で、一人の実験担当者が「生徒が苦しんでいる、これ以上は危険だ、中止しよう」と言い出す一方で、他方の実験担当者は「大丈夫ですよ、続けましょう」と促す。このような状況下において、それ以上の電圧に進んだ被験者は一人もいませんでした。実験を継続するかどうかの意思決定は本当の被験者である（サクラではない）先生役に大きくのしかかってくることになり、責任転嫁ができないからです。

ミルグラムによる「アイヒマン実験」は1960年代の前半にアメリカで実施されたものです。この実験はその後、1980年代の中頃に至るまで様々な国で追試が行われていますが、そのほとんどがミルグラムによる実験結果以上の高い服従率を示しています。つまり、この実験結果はアメリカに固有の国民性やある時代に特有の社会状況に依存するものではなく、人間の普遍的な性質を反映していると考えるべきだということです。

ミルグラムによる「アイヒマン実験」の結果は様々な示唆を私たちに与えてくれます。

一つは官僚制の問題です。官僚制と聞けば、官庁などの役所で採用されている組織制度と考えがちですが、上位者の下にツリー状に人員が配置され、権限とルールによって実務が執行されるという官僚制の定義を当てはめれば、今日の会社組織のほとんど全ては官僚制によって運営されていることになります。ミルグラムの実験では、悪事をなす主体者の責任が曖昧な状態になればなるほど、人は他者に責任を転嫁し、自制心や良心の働きは弱くなることが示唆されます。これがなぜ厄介かというと、組織が大きくなればなるほど、良心や自制心が働きにくくなるのだとすれば、組織の肥大化に伴って悪事のスケールも肥大化することになるからです。

その典型例がホロコーストです。すでに紹介している政治哲学者のハンナ・アーレントは、ナチスによるホロコーストは、官僚制度の特徴である「過度な分業体制」によってこそ可能だったという分析を示しています。アーレントがこのような仮説を提示する１９６０年代ごろまで、ユダヤ人虐殺の原因は主にドイツの国民性やナチスのイデオロギーに求める解釈が一般的でした。しかし、アーレントは「それは違う」という。ホロコーストがナチスのイデオロギーによって可能だったという整理は、ヒトラーをはじめとするナチス指導者に責任を転嫁するという考え方です。そうではない、ドイツ以外の国民であっても、ナチス以外の組織であっても、あのような悲劇は再び起こりうるのだ、というのがアーレントの指摘です。

ヒトラーなどの狂信的な指導者が中枢で旗を振るだけでは人は死にません。銃や毒ガスを用いて実際に自分の手で罪もない人々を虫のように殺していたのはナチスの指導者たちではなく、私たちと同じような一般市民だったのです。彼らの自制心や良心はこのとき、なぜ働かなかったのか。アーレントは「分業」という点に注目します。ユダヤ人の名簿作成から始まって、検挙、拘留、移送、処刑に及ぶまでのオペレーションを様々な人々が分担するため、システム全体の責任所在は曖昧になり、極めて責任転嫁のしやすい環境が生まれます。「私は名簿を作っただけです」「あの時は誰もが協力していました」「私がどうしようと結果は変わりません」「殺していない、ただ移送列車の運転をしただけだ」……。このオペレーションの構築に主導的役割を果たしたアドルフ・アイヒマンは、良心の呵責に苛まれることがないよう、できる限り責任が曖昧な分断化されたオペレーションを構築することを心がけた、と述懐しています。その悪魔的な洞察力には戦慄を禁じえません。ミルグラムの実験結果は、人が集団で何かをやるときにこそ、その集団のもつ良心や自制心は働きにくくなることを示唆しています。現在の日本ではコンプライアンス違反が続出していますが、このような時代だからこそ、ミルグラムの実験結果が示唆するものについて、私たちは考えてみる必要があると思います。

もう一点、ミルグラムによる「アイヒマン実験」はまた、私たちに希望の光も与えてくれます。権威の象徴である「白衣の実験担当者」のあいだで意見が食い違ったとき、100%の被験者が150ボルトという「かなり低い段階」で実験を停止した、という実験結果を思い出してください。この事実は、自分の良心や自制心を後押ししてくれるような意見や態度によって、ほんのちょっとでもアシストされれば、人は「権威への服従」を止め、良心や自制心に基づいた行動をとることができる、ということを示唆しています。人は権威に対して驚くほど脆弱だというのが、ミルグラムによる「アイヒマン実験」の結果から示唆される人間の本性ですが、権威へのちょっとした反対意見、良心や自制心を後押ししてくれるちょっとしたアシストさえあれば、人は自らの人間性に基づいた判断をすることができる、ということです。これは、システム全体が悪い方向に動いているというとき「これは間違っているのではないか」と最初に声をあげる人の存在の重要性を示しているように思います。

まとめましょう。現在のように分業がスタンダードになっている社会では、私たちは悪事をなしているという自覚すら曖昧なままに、巨大な悪事に手を染めることになりかねません。多くの企業で行われている隠蔽や偽装は、そのような分業によってこそ可能になっていると考えられます。これを防ぐためには、自分がどのようなシステムに組み込まれているのか、自分がやっている目の前の仕事が、システム全体としてどのようなインパクトを社会に与えているのか、それを俯瞰して空間的、あるいは時間的に大きな枠組みから考えることが必要です。その上でさらに、なんらかの改変が必要だと考えれば、勇気を出して「これはおかしいのではないか、間違っているのではないか」と声をあげることが求められるのではないでしょうか。

13 フロー
――人が能力を最大限に発揮し、充足感を覚えるのはどんな時か？

ミハイ・チクセントミハイ（1934―）

ハンガリー出身、アメリカの心理学者。心理学における「幸福」、「創造性」、「楽しさ」などを研究する、いわゆるポジティブ心理学の確立において中心的な役割を果たした。2018年現在は、カリフォルニアのクレアモント大学院大学の心理学および経営学の教授。課題の難易度と技量が高度にバランスした状態でおとずれる恍惚的な没入状態を「フロー概念」として整理・提唱したことで知られる。

人が、その持てる力を最大限に発揮して、充実感を覚える時というのは、どのような状況なのでしょうか？　これが、チクセントミハイが研究において追求した「問い」でした。これは、今日、自らの能力の発揮や充実感について考えている人、あるいは組織のリーダーとして、メンバーからどのようにして力量を引き出し、仕事の充実感を持ってもらうかを考えている人であれば、同様にいつも向き合っている「問い」でしょう。

チクセントミハイは、この問いに答えるために、ものすごくシンプルなアプローチを採用します。すなわち、アーティストやミュージシャンといったクリエイティブな専門家、外科医やビジネスリーダー、スポーツやチェスといった世界において、仕事を愛し、活躍している人に、ひたすらインタビューしていったんですね。このとき、インタビューの対象となった人には、ザ・ボディショップの創業者であるアニータ・ロディックやソニー創業者の井深大などが含まれています。

このインタビューにおいて、チクセントミハイは「あること」に気付きます。それは、分野の異なる高度な専門家たちが、最高潮に仕事に「ノッテいる」ときに、その状態を表現する手段として、しばしば「フロー」という言葉を用いる、ということでした。チクセントミハイは、彼ら専門家の用いたこの言葉をそのまま引いて、のちに「フロー理論」として広く知られることになる仮説をまとめました。

チクセントミハイは、フローの状態、いわゆる「ゾーン」に入ると、次のような状況が発生することを報告しています。

①過程の全ての段階に明確な目標がある

目的が不明瞭な日常生活での出来事とは対照的に、フロー状態では、常にやるべきことがはっきりわかっている。

②行動に対する即座のフィードバックがある
フロー状態にある人は、自分がどの程度うまくやれているかを自覚している。
③挑戦と能力が釣り合っている
自分の能力に見合ったチャレンジをしていて、簡単すぎて退屈することも、難しすぎて投げ出したくなることもない絶妙なバランスの上にいる。
④行為と意識が融合する
完全に今やっていることに集中している。
⑤気を散らすものが意識から締め出される
完全に没頭して、日常生活のささいなことや思い煩いが意識から締め出されている。
⑥失敗の不安がない
完全に没頭していて能力とも釣り合っているので、失敗への不安を感じない。逆にもし不安が心に上るとフローが途切れて、コントロール感が失われてしまう。

⑦自意識が消失する

自分の行為にあまりに没頭しているので、他の人からの評価を気にしたり、心配したりしない。フローが終わると、反対に、自己が大きくなったかのような充足感を覚える。

⑧時間感覚が歪む

時間が経つのを忘れて、数時間が数分のように感じる。あるいはまったく逆に、スポーツ選手などでは、ほんの一瞬の瞬間が、引き伸ばされて感じられることもある。

⑨活動が自己目的的になる

フローをもたらす体験を、意味があろうとなかろうと、ただフロー体験の充足感のために楽しむようになる。例えば芸術や音楽やスポーツは、生活に不可欠でなくても、その満足感のために好まれる。

チクセントミハイは、特に「③挑戦と能力が釣り合っている」という点について、次のようなチャートを残して詳細に説明しています。

チクセントミハイによる「挑戦」と「スキル」の関係

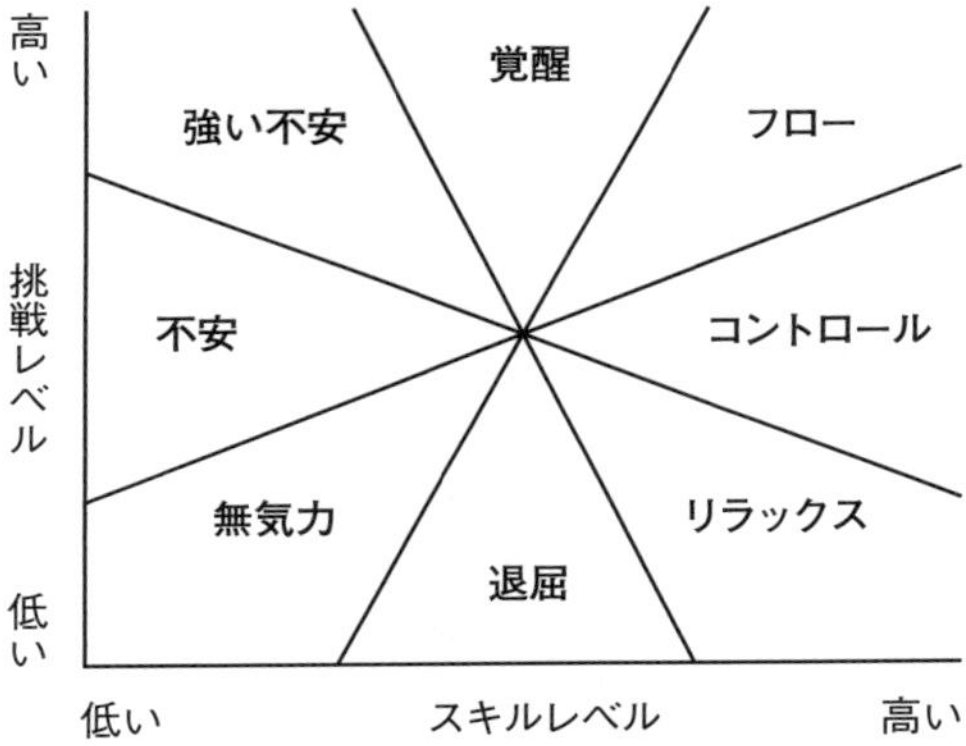

『フロー体験 喜びの現象学』(世界思想社)より引用

フローに入るためには、挑戦レベルとスキルレベルが高い水準でバランスしなければなりません。高いスキルを持った人が、なんとかやれるレベルの課題に挑戦し、その上で、外乱が入らず、集中が持続できるなど、いくつかの条件が揃った時に、初めて人はフロー状態に入ることができる、ということです。

チクセントミハイの指摘で面白いと思うのは、上記のチャートはダイナミックなもので、時間の経過にともなって「挑戦レベル」と「スキルレベル」の関係はどんどん変わっていく、という点です。例えば、最初は「強い不安」のゾーンであっても、やり続けているうちにスキルが高まり、やがて「覚醒」を経て「フロー」のゾーンに入っていくということが起こりますし、「フロー」のゾーンで同じ仕事をやり続けていれば、やがて習熟度が高まって、「フロー」から「コントロール」のゾーンに移行していくことになります。そうなると、いわゆるコンフォートゾーンに入ってしまい、居心地の良い状況にはなりますが、当然ながらそれ以上の成長は望めません。つまり、自分の技量とタスクの難易度は、ダイナミックな関係であり、フローを体験し続けるためには、その関係を主体的に変えていくことが必要だということです。

チクセントミハイは、もともと「幸福な人生とはどのようなものだろうか」という問題意識から、心理学の道に進んでいます。そうして行き着いたのが「フロー」の概念ということになるわけで、「フローの状態にある」というのは、幸福の条件と考えることもできます。しかしながら、では実際にはどうかというと、あまりにも多くの人は「無気力」のゾーンで生きている、とチクセントミハイは嘆いています。「無気力」のゾーンを抜け、幸福な人生を送るために「フロー」のゾーンを目指すことを考えた時、「スキルレベル」も「挑戦レベル」も、一気に高めることはできません。まず「挑戦レベル」を上げ、タスクに取り組むことで「スキルレベル」を上げていくしかありません。ということは、幸福な「フロー」のゾーンに至るには、必ずしも居心地の良いものではない「不安」や「強い不安」のゾーンを通過しなければならない、ということなのではないでしょうか。

14 予告された報酬

――「予告された」報酬は、創造的な問題解決能力を著しく毀損する

エドワード・デシ（1942―）
アメリカの心理学者。ロチェスター大学教授。内発的動機が及ぼす学習や創造性について大きな業績を残した。

今日、イノベーションは多くの企業において最重要の課題となっています。個人の創造性とイノベーションの関係はそう単純ではなく、個人の創造性が高まったからといってすぐにイノベーションが起きるわけではないのですが、とまれ「個人の創造性」が必要条件の大きな一部であることは論を待ちません。では、個人の創造性を外発的に高めることはできるのでしょうか？

この問題を考えるために、1940〜50年代に心理学者のカール・ドゥンカーが提示した「ろうそく問題」を取り上げてみましょう。まず、137ページの上の図を見てください。「ろうそく問題」とは、テーブルの上にろうが垂れないようにろうそくを壁に付ける方法を考えて欲

しい、というものです。

この問題を与えられた成人の多くは、だいたい7～9分程度で、下図のアイデアに思い至ることになります。

つまり、画鋲を入れているトレーを「画鋲入れ」から「ろうそくの土台」へと転用するという着想を得ないと解けないということなのですが、この発想の転換がなかなかできないんですね。一度「用途」を規定してしまうと、なかなか人はその認識から自由になれないということで、この傾向をドゥンカーは「機能認識の固着」と名付けました。考えてみれば、例えばフェルトペンなどは、ガラス製の瓶に入れられたフェルトに有色の揮発油がしみ込んでいるので、物性としてはアルコールランプとほとんど同じです。で、実際に暗闇ではこれを立派にランプとして使うことが可能なわけですが、なかなか普通の人にはそういう発想の転換ができない、ということをこの実験を通じてドゥンカーは証明しました。

その後、ドゥンカーの実験から17年を経て、ニューヨーク大学のグラックスバーグは、この「ろうそく問題」を、人間の若干異なる側面を明らかにするための実験に用い、そして興味深い結果を得ています。彼は、この問題を被験者に与える際、「早く解けた人には報酬を与える」と約束することで、アイデアを得るまでにかかる時間は際立って「長くなる」ことを明らかにしました。1962年に行われた実験では、平均で3～4分ほど長くかかったという結果が出

カール・ドゥンカーが行った「ろうそく問題」の実験

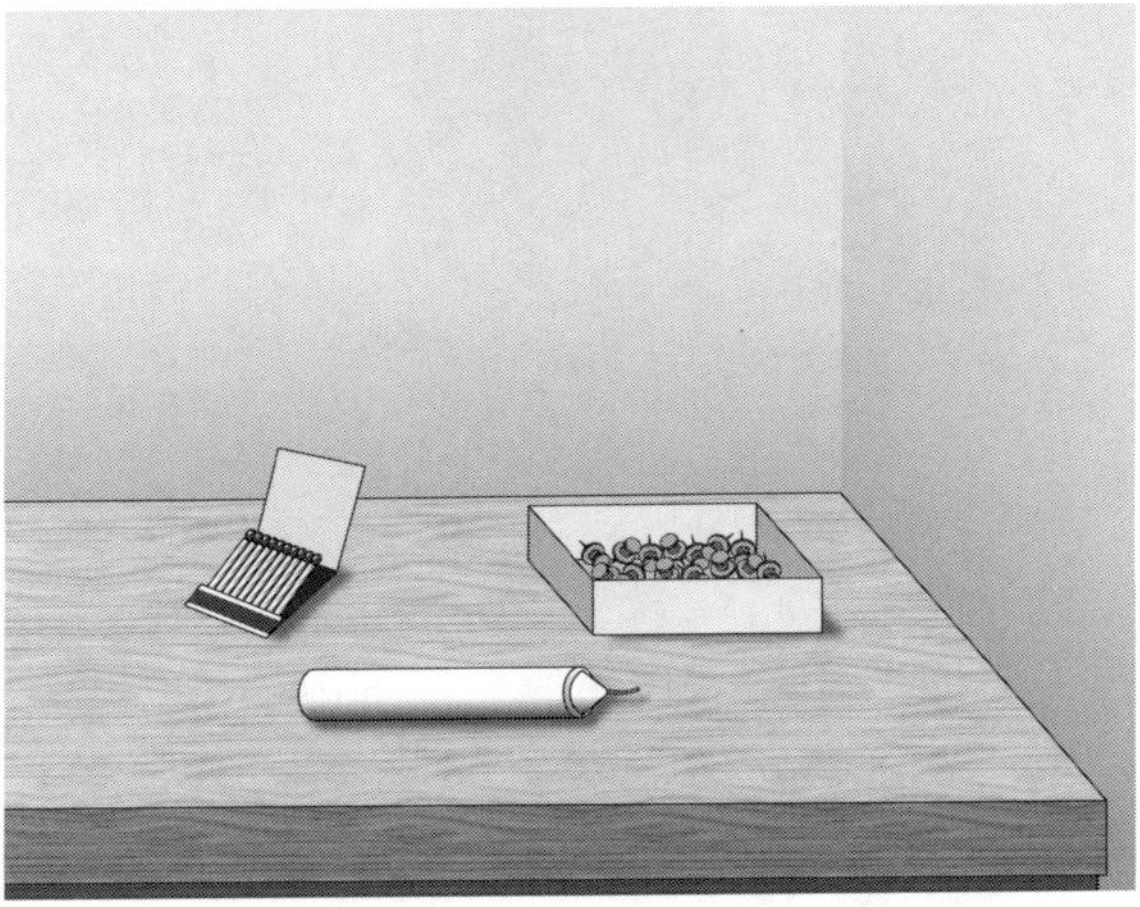

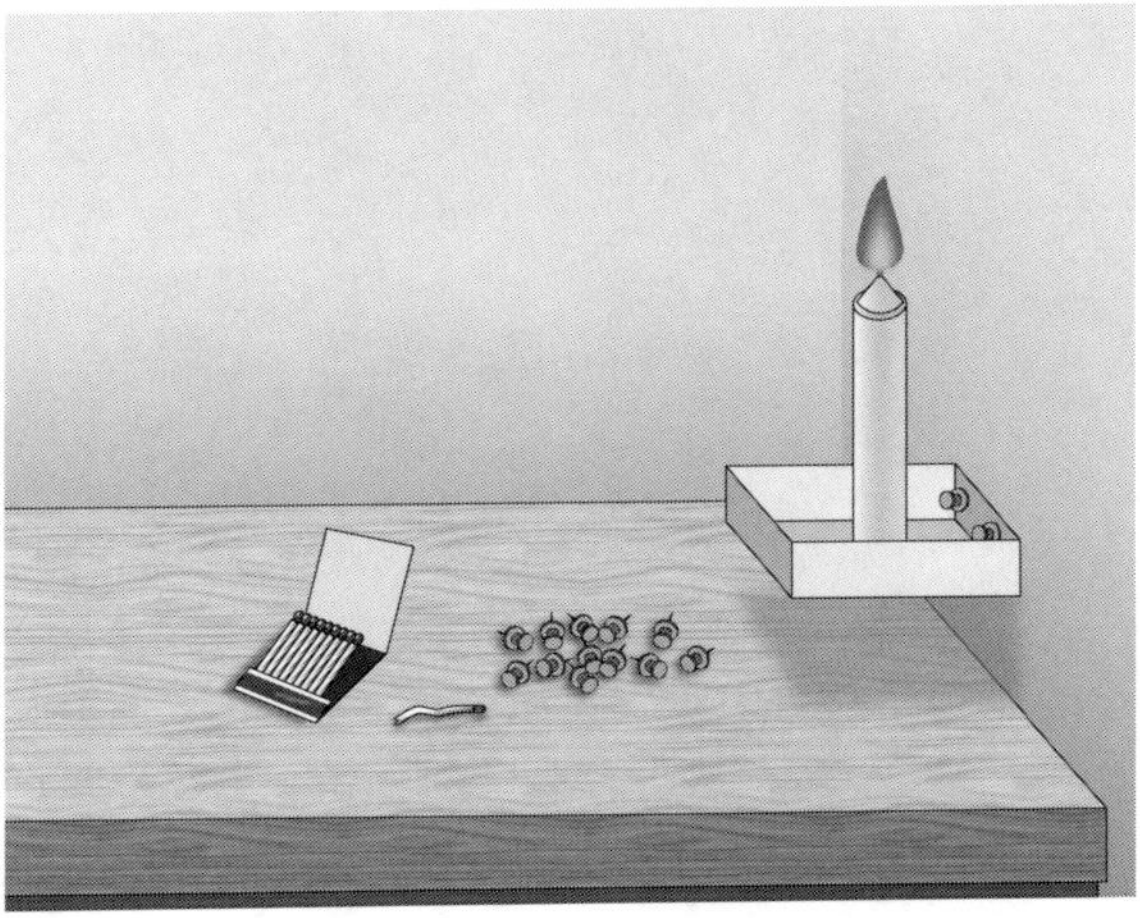

ています。つまり、報酬を与えることによって、創造的に問題を解決する能力は向上するどころか、むしろ低下してしまうということです。実は、教育心理学の世界では、この他数多くの実験から、報酬、特に「予告された」報酬は、人間の創造的な問題解決能力を著しく毀損することがわかっています。有名どころでは例えばデシ、コストナー、ライアンが行った研究でしょう。彼らは、それまでに行われてきた、報酬が学習に与える影響についての128件の研究についてのメタ分析を行い、報酬が活動の従事／遂行／結果のいずれに伴うものであるとしても、予告された報酬は、すでに面白いと思って取り組んでいる活動に対しての内発的動機付けを低下させる、という結論を得ています。デシの研究からは、報酬を約束された被験者のパフォーマンスは低下し、予想しうる精神面での損失を最小限に抑えようとしたり、あるいは出来高払いの発想で行動したりするようになることがわかっています。つまり、質の高いものを生み出すためにできるだけ努力しようということではなく、最も少ない努力で最も多くの報酬を得られるために何でもやるようになるわけです。加えて、選択の余地が与えられれば、そのタスクを遂行することで自分のスキルや知識を高められるような挑戦や機会を与えてくれる課題ではなく、最も報酬が多くもらえる課題を選ぶようになります。

これらの実験結果は、通常ビジネスの世界で常識として行われている報酬政策が、意味がないどころかむしろ組織の創造性を低下させていることを示唆しています。つまり「アメ」は組織の創造性を高める上では意味がないどころか、むしろ害悪を及ぼしている、ということです。

報酬と学習の関係については未だに議論が収束しておらず、例えばアイゼンバーガーとキャメロンのように「報酬が内発的動機付けを低下させるという警告のほとんどは間違っている」と主張する論者もいるのですが、少なくとも「予告された報酬が内発的動機を低下させる」とするデシの論考については、70年代から続いた議論を経てほぼ結着がついていると考えてもらって構いません。ところが不思議なことに、経営学の世界では未だに報酬が個人の創造性を高めるという立場を取る論者が少なくありません。例えばハーバード・ビジネス・スクールやロンドン・ビジネス・スクールで教鞭をとっていたゲイリー・ハメルは、イノベーションに関連する論文や著書の中でたびたび「桁外れの報酬」による効果について言及しています。

起業家は小物をねらいはしない。起業家が目指すのは、新興企業の株式である。(中略)革新的なビジネス・コンセプトと起業家のエネルギーこそ、革命の時代には頼りになる「資本」だ。アイデア資本家が、株主と同等の報酬を求めるのも当然だ。彼らは、確かに短期間で大きな成功をねらうが、同時に自分の貢献に見合う報酬を要求するのである。(中略)「ビジネスで過去の延長としては考えられない斬新なイノベーションを成しとげたスタッフには、手厚く報いなければならない。斬新なイノベーションを実行すれば、会社がかならず手厚く報いることをスタッフに明確に知らしめる必要があるのだ」

ゲイリー・ハメル『リーディング・ザ・レボリューション』

報酬政策に関するこのようなコンセプトに関して、ハメルがたびたび「お手本」として取りあげていたのがエンロンでした。ハメルは、上述した同書においてこのように書いています。曰く「年輪を重ねた革命家を生み出すためには、企業は報酬を、役職、肩書き、上下関係などから切り離して決めなければならない。実際にエンロンではそうしている。同社のなかにはアシスタントでも取締役を上回る収入を得ている者がいるのだ」（同書P364より）。

しかし、現在の我々は、エンロンや投資銀行で起こったこと、あるいは現在のＩＴベンチャーで起こっていることが、まさにデシの指摘する「本当に価値があると思うことではなく、手っ取り早く莫大な報酬が得られる仕事を選ぶようになる」という事態であったことをすでに知っています。エンロンがロケットのように上昇する株価を謳歌していたのは２０００年代の初頭で、ハメルによる上記の論考が出されたのもその時期のことです。しかし、すでにその時点でデシをはじめとした学習心理学者たちの報酬に関する研究結果は数十年来のあいだ公にされており、少なくとも「予告された報酬」が、様々な面でその報酬の対象となる人々の創造性や健全な動機を破壊することは常識となっていました。

こういった初歩的な人文科学あるいは社会科学領域における知見が、社会のあり様についてもっとも大きな影響力をもつ企業に対して発言力を有する経営科学の領域にほとんど活かされていないという事実には、残念という感慨を通り越して困惑させられます。ハメルが教鞭をとっていたハーバード・ビジネス・スクールやロンドン・ビジネス・スクールは高額の学費をとることで知られていますが、高い学費を払わされた挙げ句、他分野ではとっくのとうに誤りであることが明らかにされている知見を学ばされた学生はたまったものではないでしょう。

人に創造性を発揮させようとした場合、報酬（特に予告された報酬）は、効果がないどころではなく、むしろ人や組織の創造性を破壊してしまう、ということです。

人に創造性を発揮させようとした場合、報酬＝アメはむしろ逆効果になる。では一方の「ムチ」はどうなのでしょうか？　結論から言えば、こちらも心理学の知見からはどうも分が悪いようです。もともと脳には、確実なものと不確実なものをバランスさせる一種のアカウンティングシステムという側面があります。何かにチャレンジするというのは不確実な行為ですからこれをバランスさせるためには「確実な何か」が必要になります。ここで問題になってくるのが「セキュアベース」という概念です。

幼児の発達過程において、幼児が未知の領域を探索するには、心理的なセキュアベースが必要になる、という説を唱えたのはイギリスの心理学者、ジョン・ボウルビィでした。彼は、幼児が保護者に示す親愛の情、そこから切り離されまいとする感情を「愛着＝アタッチメント」と名付けました。そして、そのような愛着を寄せられる保護者が、幼児の心理的なセキュアベースとなり、これがあるからこそ、幼児は未知の世界を思う存分探索できる、という説を主張したのです。これを援用して考えてみれば、一度大きな失敗をして×印がついてしまうと会社の中で出世できないという考え方が支配的な日本よりも、どんどん転職・起業して失敗したらまたチャレンジすればいいといった考え方が支配的なアメリカの方が、セキュアベースがより強固であり、であればこそ幼児と同じように人は未知の世界へと思う存分挑戦できるのだ、という考え方が導き出されることになります。

つまり、人が創造性を発揮してリスクを冒すためには「アメ」も「ムチ」も有効ではなく、そのような挑戦が許される風土が必要だということであり、更にそのような風土の中で人が敢えてリスクを冒すのは「アメ」が欲しいからではなく、「ムチ」が怖いからでもなく、ただ単に「自分がそうしたいから」ということです。

第2章

「組織」に関するキーコンセプト

「なぜ、この組織は変われないのか」を考えるために

15 マキャベリズム

――非道徳的な行為も許される。ただし、よりよい統治のためになら

ニッコロ・マキャベリ（1469―1527）

イタリア、ルネサンス期の政治思想家、フィレンツェ共和国の外交官。理想主義的な傾向の強かったルネサンス期において、政治は宗教・道徳から切り離して考えるべきであるという現実主義的な政治理論を展開した。

愛されるリーダーと恐れられるリーダー、どちらの方が優れたリーダーなのか、というのは人類の歴史が始まって以来、連綿と議論されてきた問題です。マキャベリは、著書『君主論』の中で、端的に「恐れられるリーダーになるべきだ」と主張します。マキャベリズムとは、すなわち、マキャベリが『君主論』の中で述べた、君主としてあるべき「振る舞い」や「考え方」を表す用語です。では、その内容とはいかなるものか。平たくまとめれば「どんな手段や非道徳的な行為も、結果として国家の利益を増進させるのであればそれは許される」ということになります。この本が、当時も今も私たちに衝撃を与えるのは、これほどまでにあけすけに「タテマエとホンネ」のうち、ホンネでリーダーのあり方を語る言説が、ほとんどないからです。

嘘か真か、ナポレオン、ヒトラー、スターリンらは寝る前にベッドで『君主論』を読んだと言われていますから、「理想の実現のためには犠牲は致し方ない」と考えようとした独裁者にとって、この本はバイブルのような位置付けだったのかもしれません。

このように、言ってみれば「非常に偏った」内容ではあるのですが、マキャベリがこのような持論を展開したのには、その当時ならではと言える理由がありました。リーダーシップには文脈依存性があります。つまり「どのようなリーダーシップのあり方が最適なのか」についての答えは、状況や背景によって変わる、ということです。したがってマキャベリの主張もまた、当時のフィレンツェの状況を知らずに鵜呑みにすることは危険だと思います。

当時、フィレンツェは列強諸外国からの介入を受けていました。1494年のシャルル8世によるフランスのイタリア侵攻をはじめ、主だったところだけでスペイン、神聖ローマ帝国といった外国の軍隊が介入してきて戦争が巻き起こったのですが、そうした諸外国の軍勢と比較して、フィレンツェの軍事的脆弱さは如何ともしがたく、外交官として働いていたマキャベリは10年以上に渡って、諸外国・諸都市を訪問し、なんとか共和国を支えようと奮闘し続けたのです。

なかでも、マキャベリはチェーザレ・ボルジアに強い感銘を受けたようです。

チェーザレは教皇アレキサンドル6世の庶子で、その教皇は北イタリアで圧倒的な権力を持っていましたから、フィレンツェにとってはもっとも危険な敵です。立場からすればボルジア家とは距離を置くべきですが、マキャベリはチェーザレの勇気、知性、能力、特に「結果を出すためには非情な手段も厭わない」という態度に大きな感銘を受け、ひたすら道徳的・人間的であろうとするために戦争にからっきし弱かったフィレンツェのリーダーたちに、チェーザレの思考様式・行動様式を学んで欲しいと考えました。これが『君主論』執筆の中核となるモチベーションでした。

果たせるかな、『君主論』は、当時フィレンツェを実質的に支配していたメディチ家のトップ、ロレンツォ・メディチに献呈されます。今日、世界中の大企業向けにコンサルティング会社やビジネススクールが「経営者の人材要件」を提案していますが、マキャベリの『君主論』は、世界最初の「トップの人材要件に関する提案書」と言えるかも知れません。

一点、注意しなければならないのは、マキャベリは「どんなに非道徳的な行為も権力者には許される」などと言ってはいない、という点です。ここはマキャベリズムについて、よく勘違いされている点なので注意してください。マキャベリは、「よりよい統治のためには、非道徳的な行為も許される」と言っているだけです。つまり、その行為が「よりよい統治」という目的に適っているのであれば、それは認められると言っているだけで、憎しみを買い、権力基盤を危うくするような不道徳さは、これを愚かな行為として批判しています。

具体的には、例えばマキャベリは、ある君主が他国を征服する際には、「一気呵成に必要な荒療治を断行してしまい、日毎に恨みを蒸し返されたりすることのないように」と注意しています。この指摘は、大規模なリストラを初期段階でやってしまう方が、小分けに何度も痛みを伴うような小規模のリストラをやるよりもうまくいく、という企業再生の鉄則とも符合します。つまり、マキャベリは「不道徳たれ」と言っているわけではなく、「冷徹な合理者であれ」と言っているだけで、時に「合理」と「道徳」がぶつかり合う時には、「合理を優先せよ」と言っているだけなんですね。

今日の文明社会で生を営んでいる私たちの多くは、マキャベリズムに対しては強い嫌悪感、拒否反応を示します。しかし、マキャベリの主張は、まさに国家存亡の危機において求められるリーダーについて書かれたものだということを忘れてはなりません。これを逆に言えば、私たちが日常的に求めるようなリーダー像というのは、国家存亡のときに私たちを導いてくれるような人物なのか、ということについても疑問を投げかけます。

先述した通り、リーダーシップには文脈依存性があります。ある状況においてうまく機能したリーダーシップが、全く別の局面においても機能するとは限りません。例えば『三国志』に出てくる曹操などが典型でしょう。曹操は、若いころから機知・権謀に富んでいましたが、放蕩を好み素行を治めなかったために世評は芳しくありませんでした。そのような曹操に対して、後漢の人物鑑定家の許子將（許劭）は「君清平之奸賊亂世之英雄」（君は平和な世の中では大泥棒だが、乱世となれば英雄だ）と評しています。平和な世の中ではリーダーとして活躍できないだろうが、乱世になればリーダーシップを発揮できる、と言っているわけです。

同じことは我が国の織田信長にも言えるかも知れません。曹操も信長も、どちらかというと冷徹な合理主義者というイメージが強いですが、こういったリーダーシップスタイルが結果に結びついたのは、道徳やら人間性やらと言っていられない乱世という文脈ゆえのものだったと考えることもできます。

マキャベリズムについてもまた同様に考えることが必要だと思います。５００年前のフィレンツェにおいて提案された「リーダーの人材要件」が、これほどまでに時空を超えた広がりを持って共有されているということは、マキャベリの主張に何がしかの真実と思える内容が含まれているということでしょう。リーダーの立場にある人であれば、状況次第では歓迎されない決断、部下を傷つける決断を迫られる時があります。それでもリーダーは、それがビジネスであれ、他の組織であれ、家族であれ、自分が長期的な繁栄と幸福に責任を持つのであれば、断じて決断し、あるいは行動しなければならない時がある、ということをマキャベリズムは教えてくれます。リーダーの立場に立つ、というのはしばしば孤独で暗黒の責任を伴うことになりますが、一方でそれが権力の本質なのだということなのかも知れません。

16 悪魔の代弁者

――あえて「難癖を付ける人」の重要性

ジョン・スチュアート・ミル（1806―1873）

イギリスの政治哲学者、経済思想家。政治哲学においては自由主義・リバタリアニズムのみならず社会民主主義の思潮にも多大な影響を与えた。オックスフォード大学やケンブリッジ大学から研究の場を提供されたがこれを断り、東インド会社に奉職しながら研究・執筆活動を行った。本書で取り上げる他の多くの哲学者と同様、ミルは生涯を通じてアマチュアの哲学者であり、専門職としての「学者」であったことは一度もない。

悪魔の代弁者とは、多数派に対して、あえて批判や反論をする人のことです。ここで言う「あえて」とはつまり、もとより性格が天邪鬼で多数派の意見に反対する人ということではなく、そのような「役割」を意識的に負うという意味です。

ちなみに、「悪魔の代弁者」という用語は、ここで紹介されているジョン・スチュアート・ミルの造語ではなく、元々はカトリック教会の用語でした。カトリックにおける列聖や列福の審議に際して、あえて候補者の欠点や証拠としての奇跡の疑わしさなどを指摘する役割が「悪魔の代弁者」として正式に設定されていたんですね。ちなみにこの役割は1983年に教皇ヨハネ・パウロ2世によって廃止されています。

では、その用語がなぜジョン・スチュアート・ミルと関連付けられて紹介されるのか。ミルは著書『自由論』において、健全な社会の実現における「反論の自由」の大切さについて、繰り返し指摘しています。

ある意見が、いかなる反論によっても論破されなかったがゆえに正しいと想定される場合と、そもそも論破を許さないためにあらかじめ正しいと想定されている場合とのあいだには、きわめて大きな隔たりがある。

自分の意見に反駁・反証する自由を完全に認めてあげることこそ、自分の意見が、自分の行動の指針として正しいといえるための絶対的な条件なのである。全知全能でない人間は、これ以外のことからは、自分が正しいといえる合理的な保証を得ることができない。

ミル『自由論』

ミルのこの指摘を読んで、アダム・スミスの「神の見えざる手」を思い出した人もいるかも知れません。実際にその通りで、ミルが『自由論』の執筆において目論んでいたのは、アダム・スミスが『国富論』において指摘した「経済分野における過剰な統制への拒否」を、政治や言論の分野において同様に展開することでした。

市場原理によって価格がやがて適切な水準に収れんするように、意見や言論もまた、多数の反論や反駁をくぐり抜けることで、やがて優れたものだけが残るという考え方は、優れた意見を保護し、劣った意見を排除するという統制の考え方と真っ向からぶつかり合うことになります。

現在では、組織における意思決定のクオリティは、侃侃諤諤の意見交換が行われれば行われるほど高まることが、多くの実証研究によって明らかにされていますが、ミルは150年前にそれを確信していたわけです。

そしてこの指摘はまた、「反論を抑え込むこと」つまり、過剰に思想や信条を抑圧することの危険さにも繋がります。たくさんの反論に耐えられた言論が優れたものだとすれば、反論を封じ込めることで「言論の市場原理」は機能不全に陥ることになります。ミルは同書の中で、処刑されたソクラテスやイエスが、現在では歴史上の偉人として讃えられており、彼らの残した思想や信条が、これだけ広範囲に受け入れられているという事実を取り上げて、ある時代における「悪」は、時代を経ることで「善」になりうると指摘しています。これはつまり、あるアイデアの是非は、その時代におけるエリートの統制によって決定できるようなものではなく、長い時間をかけて、いろんな人々による多面的な考察を経ることでしか、判断できないということを示唆します。
同様の観点からミルは、同書の別箇所において、現在私たちが盛んに議論している「多様性の大切さ」についても、示唆深い指摘を残しています。

その人の判断がほんとうに信頼できる場合、その人はどうやってそのようになれたのだろうか。それは、自分の意見や行動にたいする批判を、つねに虚心に受けとめてきたからである。どんな反対意見にも耳を傾け、正しいと思われる部分はできるだけ受け入れ、誤っている部分についてはどこが誤りなのかを自分でも考え、できればほかの人にも説明することを習慣としてきたからである。ひとつのテーマでも、それを完全に理解するためには、さまざまに異なる意見をすべて聞き、ものの見え方をあらゆる観点から調べつくすという方法しかないと感じてきたからである。じっさい、これ以外の方法で英知を獲得した賢人はいないし、知性の性質からいっても、人間はこれ以外の方法では賢くなれない。

ミル『自由論』

集団における問題解決の能力は、同質性とトレードオフの関係にあります。心理学者のアービング・ジャニスは、「ピッグス湾事件」「ウォーターゲート事件」「ヴェトナム戦争」などの「高学歴のエリートが集まり、極めて愚かな意思決定をした」という事例を数多く研究した結果、どんなに個人の知的水準が高くても、同質性の高い人が集まると意思決定の品質は著しく低下してしまう、ということを明らかにしました。

このジャニスの研究以外にも、多くの組織論の研究が、多様な意見による認知的な不協和がクオリティの高い意思決定につながることを示しています。要するに、どんなに知的水準の高い人でも「似たような意見や志向」を持った人たちが集まると知的生産のクオリティは低下してしまうということです。

ここで求められるのが「悪魔の代弁者」です。悪魔の代弁者は、多数派の意見がまとまりつつあるときに、重箱の隅をつつくようにして難癖を付けます。この難癖によって、それまで見落とされていた視点に気づくことで、貧弱な意思決定に流れ込んでしまうことを防ぐわけです。

この「悪魔の代弁者」が、極めて重大な局面で有効に機能した例として、キューバ危機の事例を紹介しましょう。

任期二年目を迎えたケネディ大統領が、弟であるロバート・ケネディ司法長官から「その連絡」を受けたのは１９６２年10月16日の朝９時を少し過ぎたところでした。その連絡の内容とは「ＣＩＡの諜報活動により、ソ連がキューバに核ミサイル基地を建設中であることが明らかとなった」というものでした。

その日の午前11時46分、緊急招集された多数の米政府高官に対して、ＣＩＡから正式な事情説明が行われました。多数の写真が提示され、地図と指示棒を手にした情報の専門家たちは、キューバのサンクリストーバル近くの原野にミサイル基地が建設されつつあることを説明しました。「考えもしなかった」ということだったのでしょう。当時の会議の模様を回想する関係者は「驚きのあまり皆が茫然としていました」と述べています。まさかソ連がアメリカのひざ元であるキューバに、核ミサイルを配備しようとは。

アメリカとしての対応策を検証するため、ケネディ大統領は外交や軍事の専門家だけでなく、例えばポーカーの名手やキューバの国情に詳しい商社マンなど、多様なバックグラウンドを持った人材を招集し、のちに「エクスコム＝Executive Committee of the National Security Council」と呼ばれることになる会議体を形成します。この会議に参加したメンバーは、この後12日のあいだ、殆ど眠ることなくぶっ続けで会議を行うことになります。

事態は極めて深刻であり、かつ時間の猶予は限られています。アメリカとして、キューバに起きつつある事態を見過ごすことができないのは明白でしたが、どのような行動をとるべきなのかについては、そう簡単に決定できるものではありません。なんと言っても、キューバから核ミサイル攻撃を受ければ、ほぼ確実に８０００万人のアメリカ人を死においやることになるのです。歴史上かつてこれほど賭け金の高いゲームはなかったと言っていいでしょう。

この会議体での協議について、ケネディ大統領はいくつかのルールを設定しました。最初に設定したのが、ケネディ大統領自身は会議に出席しない、というものです。「安全保障について深い知識と経験を持つ諸君の議論について、自分が影響を与えることのないよう、また特別に自分に気を遣ってもらうことのないように」という理由からでした。結果的に、これは極めて賢明な判断でした。普段はアクの強い参加メンバーも、ケネディ大統領が出席するとどうしても人柄を変えて大統領に忖度するようになり、大統領にとって耳触りが良いと思われる前提で議論を組み立ててしまうことがしばしばあったからです。

次に大統領が指示したのが、会議中は通常の行政組織の序列や手続きを忘れて欲しい、ということでした。大統領は、各自の管掌部門の代弁者として会議に参加することを禁じ、その代わりに「アメリカの国益を第一に考える懐疑的なゼネラリスト」になるように命じ、各自が専門分野のみに発言を限定してしまい、自分よりも専門知識を持つと思われる人に対する反論を控えるような官僚的態度で問題に取り組む態度を戒め、アメリカの安全保障という全体問題に取り組むように指示しました。

次に、大統領はもっとも近しい腹心である司法長官のロバート・ケネディと大統領顧問のセオドア・ソレンセンの二人に「悪魔の代弁者」の役割を果たすように命じました。ケネディは、彼ら二人に、討議の最中に出された提案について、その弱点とリスクを見いだし、それを自分と提案者に対して徹底的に突きつけるよう求めたのです。

最後に、委員会に対して、提案を一つにまとめるのではなく、複数の提案を作成し、グループごとに提出するように求めました。

これらの「ルール」が、結果的にこの委員会の意思決定のクオリティを、これ以上ないほどに高める作用をもたらすことになります。

議論開始当初、ミサイルによる先制攻撃しかないのではないか、と思われた選択肢に、隔離あるいは海上封鎖のアイデアが加わったのは議論開始一日目の夕方でした。翌17日（水）にはマクナマラ長官も海上封鎖支持に回り、メンバーは「先制攻撃」支持派と「海上封鎖」支持派で真っ二つに分かれます。

海上封鎖支持派の論拠はこうです。まず、最終的に何らかの武力的手段を講じなければならないとしても、最初から着手する必要はない。また統合参謀本部によれば、仮に「ミサイル基地のみ」を先制攻撃で破壊したとしても軍事的には無意味で、結局はキューバの全軍事施設に対して攻撃を仕掛けるために侵攻作戦まで発展せざるを得ず、そうなると全面的な戦争状態が避けられない。もし、キューバ（＝ソ連）との間で、こういった武力衝突を回避できる望みがまだあるのであれば、先制攻撃を行うべきではない。

一方の先制攻撃支持派はこうです。既にミサイルがキューバに運び込まれている以上、海上封鎖を行ってもミサイルの撤去が実現するとは思えないし、ミサイル基地の設置作業がストップすると考えるのも難しい。加えて、海上封鎖によってソ連の船を停船させることは、キューバと我々の問題という構図に、直接的なソ連との対決を持ちこむことになる。

統合参謀本部のメンバーは、一致団結して即時の軍事行動に入ることを大統領に進言しました。彼らは、海上封鎖は無意味であると繰り返し主張し、武力攻撃が絶対に必要だと迫ったのです。一方、ロバート・ケネディとマクナマラ長官らは、海上封鎖を支持しました。彼らは、これがベストの案だと確信したというよりは、封鎖の方が武力攻撃よりも柔軟性があり、「取り返しのつかない事態を回避できる可能性が高い」と考えていました。そして、何よりもキューバにミサイルの雨を降らせて、何千何万という市民を殺すというアイデアをどうしても受け入れることができなかったようです。

10月19日の朝、大統領はメンバーを「武力攻撃支持派」と「海上封鎖支持派」の二つのサブグループに分け、それぞれの勧告を大統領に提案するように指示しました。勧告は、作戦の内容だけでなく、大統領による全国民への演説の概要、その後とるべき作戦行動の内容、起こり得る事態への対応策が含まれていました。そして同日の昼過ぎから、サブグループごとに勧告案を交換し、互いのプランの案を精密に審査した上で、相互に批判するセッションが開催されました。このセッションの後、それぞれのサブグループは、批判を受けて案をブラッシュアップする作業に再び入ります。

10月20日の午後、これまでの検討経過について報告を受けたケネディ大統領は、海上封鎖を支持する決断を下しました。この決断の後も、閣僚や議会の指導者たちは、たびたび感情的になって先制攻撃の必要性をケネディに対して訴え続けています。しかしケネディ大統領は次のようなコメントを残して反対意見をすべて退けました。「私は、合衆国の安全を守るために必要とあらば、いかなる措置をもとるつもりだが、最初から海上封鎖以上の軍事行動に出る正当な理由があるとは思わない。アメリカが攻撃の火ぶたを切れば、相手側はミサイルの一斉射撃で反撃することが予想され、そうなると何百万人というアメリカ人が殺されることになる。これは非常に大きな賭けであり、自分としては、他の全ての可能性を徹底的に検証し尽くさないうちに、この賭けに乗り出すつもりはない」。

ケネディがあの時、「悪魔の代弁者」の投入を決めていなければ、今日のような世界の繁栄はもしかしたらなかったのかも知れません。昨今、本来であれば頭脳優秀な人材が集まっているはずの大企業が噴飯ものの不祥事を続発させていますが、このような局面だからこそ、私たちは重大な意思決定局面における「悪魔の代弁者」の活用について、もっと積極的になるべきだと思うのです。

17 ゲマインシャフトとゲゼルシャフト

――かつての日本企業は「村落共同体」だった

フェルディナンド・テンニース（1855―1936）

ドイツの社会学者。共同体における「ゲマインシャフト」と「ゲゼルシャフト」の社会進化論を提唱したことで知られる。労働組合や協同組合運動に参加し、またフィンランドやアイルランドの独立運動を支援するなど、社会改革運動にも積極的に関わった。ドイツのキール大学の哲学・社会学の教授だったが、ナチズムと反ユダヤ主義を公然と非難したために地位を奪われることになった。

ゲマインシャフトは地縁や血縁などによって深く結びついた自然発生的なコミュニティのことです。一方、ゲゼルシャフトは利益や機能・役割によって結びついた人為的なコミュニティのことです。もともとのドイツ語では、ゲマインシャフト＝Gemeinschaftは「共同体」を意味し、ゲゼルシャフト＝Gesellschaftは「社会」を意味します。

テンニースによれば、人間社会が近代化していく過程で、地縁や血縁、友情で深く結びついた自然発生的なゲマインシャフトは、利益や機能を第一に追求するゲゼルシャフトへシフトしていくことになります。

テンニースはさらに、社会組織が「ゲマインシャフト」から「ゲゼルシャフト」へと変遷していく過程で、人間関係そのものは、疎遠になっていくと考えていました。機能を重視するゲゼルシャフトでは、社会や組織が一種のシステムとして機能することになります。そのような集団に所属する個人の権利と義務は明確化され、それまでのウエットな人間関係は、利害関係に基づくドライなものへと変質することになる。

さて、それは本当なのか。テンニースはヘーゲルの少し後、マルクスとはほぼ同時代を生きた人です。そのせいもあるのでしょう、全般に「歴史はどこかの終着点に向かって不可逆的に進展する」ということが、どこかで暗黙の前提にされているようなところがあります。

確かに、近代以降の日本の歴史を振り返ってみれば、テンニースの予言通りになっています。戦前の日本において、多くの国民のアイデンティティの基盤となっていたのは村落共同体というゲマインシャフトだったでしょう。生まれた場所から移動することもなく、多くの人は親の職業（ほとんどが農業ですが）を継ぎ、生まれた時から所属していた地縁・血縁によるコミュニティから離脱することなく、半ばそのコミュニティからの制約や監視を受けながら、半ばそのコミュニティからの扶助や支援を受けて、人生を送っていたわけです。しかし戦後、特に高度経済成長期に入ると、都市部の企業や店舗が多量の人員を必要とするようになり、いわゆる「集団就職」のような形で、生まれ育ったゲマインシャフトを離れて、企業というコミュニティに所属するようになります。さて、ではこの「企業というコミュニティ」は、テンニースが本来の意味で言ったゲゼルシャフトと言えるのかというと、どうも微妙なんじゃないか、というのが私の考えです。なぜそう思うのかというと、いわゆる三種の神器、すなわち「終身雇用」「年功序列」「企業内組合」の三つがあったからです。なぜ、この三つがあると「高度経済成長期の企業はゲゼルシャフトではなかった」ということになるのか。

あらためて確認すれば「終身雇用」というのは、一生面倒をみるから忠誠を尽くしてくれという約束ごとですよね。さらに「年功序列」というのは、コミュニティにおいては年長者が相対的に尊敬・重用されるという約束ごとであり、最後の「企業内組合」というのは、仲間の雇用を一緒に守ろう、誰かが解雇されないように団結しようという約束ごとです。

つまり三種の神器というのは「①一生面倒をみます」「②年長者を大事にします」「③団結して個人を守ります」ということを言っているわけで、要するに村落共同体において暗黙の前提になっていた約束ごとと同じなんですね。これら三種の神器に加えて、例えば運動会などのイベントが行われたり、社屋屋上に物故社員を供養するための神社があったりということを重ね合わせると、運動会などのイベントは村落共同体の盆踊りに、社屋屋上の神社は村の鎮守に該当するわけで、まさしく一旦崩壊しかかった村落共同体というゲマインシャフトを、企業という別形態のゲマインシャフトが受け継いでいったと考える方が妥当だろうと思うわけです。

ゲゼルシャフトを役割・機能に基づいた結びつき、ゲマインシャフトを友愛・血縁に基づいた結びつきと考えれば、両者がなんらかの形で重層的に担保されない限り、生産性と健全性が両立した社会の形成は難しいでしょう。今日では、少なくとも大企業におけるゲマインシャフト的な要素はすでに完全に崩壊しており、やがてはアメリカに象徴的に示されるような完全なゲゼルシャフトに移行すると考えられます。では、戦前には村落共同体が、高度経済成長期からバブル期までは企業が担っていた、社会におけるゲマインシャフト的な要素は、何が担うことになるのか。

鍵になるのは「ソーシャルメディア」と「2枚目の名刺」だろう、というのが私の考えです。楽天的でナイーブだと糾弾されそうですが、仮に会社や家族の解体が不可逆的な流れなのだとすれば、それに変わる新しい構造を人類は必要とします。フリードリッヒ・テンブルクは「社会全体を覆う構造が解体されると、その下の段階にある構造単位の自立性が高まる」と言っていますが、もし仮にそうなのであれば、会社や家族という構造の解体に対応して、いわば歴史の必然として、新しい社会の紐帯を形成する構造が求められる。希望的観測ですが、ソーシャルメディアがもしかしたらその役目を果たすことになるのかも知れません。

18

解凍＝混乱＝再凍結
——変革は、「慣れ親しんだ過去を終わらせる」ことで始まる

クルト・レヴィン（1890—1947）

ドイツ出身のアメリカの心理学者。いわゆる「社会心理学」の創始者として認められ、グループダイナミクスや組織開発の領域において大きな貢献を残した。2002年に発表された調査では、20世紀中、最も論文の引用回数が多かった心理学者としてレヴィンがランクインしている。

組織の中における人の振る舞いはどのようにして決まるのか。クルト・レヴィン以前の心理学者、中でも特に「行動主義」と呼ばれる分野の人々によれば、それは「環境」ということになります。しかし、レヴィンは「個人と環境の相互作用」によって、ある組織内における人の行動は規定されるという仮説を立て、今日ではグループ・ダイナミクスとして知られる広範な領域の研究を行いました。

レヴィンは様々な心理学・組織開発に関するキーワードを残していますが、ここでは中でも「解凍＝混乱＝再凍結」のモデルについて、説明したいと思います。

レヴィンのこのモデルは、個人的および組織的変化を実現する上での三段階を表していま

す。

第一段階の「解凍」は、今までの思考様式や行動様式を変えなければいけないということを自覚し、変化のための準備を整える段階です。当然のことながら、人々は、もともと自分の中に確立されているものの見方や考え方を変えることに抵抗します。したがって、この段階ですでに入念な準備が必要となります。具体的には「なぜ今までのやり方ではもうダメなのか」「新しいやり方に変えることで何が変わるのか」という二点について、「説得する」のではなく「共感する」レベルまでのコミュニケーションが必要となります。

第二段階の「混乱」では、以前のものの見方や考え方、あるいは制度やプロセスが不要になることで引き起こされる混乱や苦しみが伴います。予定通りにうまくいかないことも多く、「やっぱり以前のやり方の方がよかった」という声が噴出するのがこの段階です。したがって、この段階を乗り切るためには変化を主導する側からの十分な実務面、あるいは精神面でのサポートが鍵となります。

第三段階の「再凍結」では、新しいものの見方や考え方が結晶化し、新しいシステムに適応するものとして、より快適なものと感じられるようになり、恒常性の感覚が再び蘇ってきます。この段階では、根付きつつある新しいものの見方や考え方が、実際に効果を上げるのだという実感を持たせることが重要になります。そのため、変化を主導する側は、新しいものの見方や考え方による実際の効果をアナウンスし、さらには新しい技能やプロセスの獲得に対して褒賞を出すなど、ポジティブなモメンタムを生み出すことが求められます。

レヴィンによれば、ある思考様式・行動様式が定着している組織を変えていくためのステップが、この「解凍＝混乱＝再凍結」ということになるのですが、ここで注意しなければならないのは、このプロセスが「解凍」から始まっている、という点です。というのも、この「解凍」というのは、要するに「終わらせる」ということだからです。私たちは、何か新しいことを始めようというとき、それを「始まり」の問題として考察します。当たり前のことですね。しかしクルト・レヴィンのこの指摘は、何か新しいことを始めようというとき、最初にやるべきなのは、むしろ「いままでのやり方を忘れる」ということ、もっと明確な言葉で言えば「ケリをつける」ということになります。

同様のことを、個人のキャリアの問題を題材にしながら指摘しているのが、アメリカのウィリアム・ブリッジズです。ブリッジズは、人生の転機や節目を乗り切るのに苦労している人々に集団療法というセラピーを施してきた臨床心理学者です。ブリッジズが臨床の場で出会った患者は千差万別であり、ひとりひとりの「転機体験」は非常にユニークなもので一般化は難しい。転機の物語も人それぞれにユニークなものだったはずですが、「うまく乗り切れなかったケース」を並べてみると、そこに一種のパターンや、繰り返し見られるプロセスがあることにブリッジズは気がつきます。そしてブリッジズは、転機をうまく乗り切るためのステップを「終焉（今まで続いていた何かが終わる）」→「中立圏（混乱・苦悩・茫然自失する）」→「開始（何かが始まる）」という三つのステップで説明しています。

ここでもまた、変革は「始まり」から始まるのではなく、「何かが終わる」ということから始まっている点に注意してください。

ブリッジズに言わせれば、キャリアや人生の「転機」というのは単に「何かが始まる」ということではなく、むしろ「何かが終わる」時期なのだ、ということです。逆に言えば「何かが終わる」ことで初めて「何かが始まる」とも言えるわけですが、多くの人は、後者の「開始」ばかりに注目していて、一体何が終わったのか、何を終わらせるのかという「終焉の問い」にしっかりと向き合わないのです。

ここに、多くの組織変革が中途半端に挫折してしまう理由があると、私は考えています。経営者と管理職と現場の三者を並べてみれば、環境変化に対するパースペクティブの射程は、経営者から順を追って短くなります。経営者であれば、少なくとも10年先のことを考えているでしょうが、管理職はせいぜい5年、現場になれば1年の射程しか視野に入っていない。常に10年先のことを考えている経営者であれば、やがてやってくる危機に対応して変革の必要性を常に意識しているかも知れませんが、管理職や現場は常に足元を見て仕事をしているわけですから、十分な説明もなしに「このままでは危ない、進路もやり方も変える」と宣言されれば、十分な「解凍」の時間を取れないままに混乱期に突入してしまうことになります。

同様のことは「社会の変化」についても言えます。平成という時代をどうとらえるか、これからおびただしい論考が世に出されると思いますが、私が思うのは「昭和を終わらせられなかった時代」ということです。私たちは「山の頂上」で、昭和から平成への移行を経験しています。平成が始まったのは１９８９年の１月８日で、日経平均株価が未だ破られていない史上最高値を記録したのも同じ１９８９年の12月29日でした。当時の時価総額世界ランキングを見てみると１位の日本興業銀行を筆頭にトップ５には全て日本企業が並んでいます。言うまでもなく、現在の日本企業で時価総額世界ランキングのトップ10に入る企業は存在しません。

このような状況下、つまり文字通り経済面での世界的な覇権が明確となった状況で、昭和から平成へとバトンが渡されている。しかしみなさんもご存じの通り、その後このピークを超えることは一切なく、平成の時代を通じて日本は下降に次ぐ下降に終始することになります。

これを登山に当てはめてみれば、高度経済成長以来、ずっと登り続けて山の頂上に至る過程が昭和という時代であり、以後30年にわたって、同じ山をずっと下り続けているのが平成という時代だったと整理できます。時代が昭和から平成へと変わったものの、同じ山の「登り」と「下り」でしかないということです。多くの人は、平成という時代が「下り」に終始したことを問題として取り上げているようですが、ここで私が取り上げたいポイントは「登り、下り」の問題ではなく、そもそも「同じ山で良かったのか？」という点なのです。

人間性を麻痺させるようなバブル景気が健全なものであったと真顔で言い切れる人はなかなかいないはずです。しかし、これを本当に「終わらせている」人たちがどれほどいるのか。私たちは、昭和という時代から平成への移行に当たって、「バブル景気の終焉」といみじくも表現される「終わらせる契機」を与えられていたにも関わらず、結局は「あの時代は良かったね」と、山の頂上を振り返りながら下山する過程に終始してしまったのではなかったか。本来であれば、昭和という時代に登った山とは別の新しい山をターゲットとして定め、登るべきだったのに、同じ山に踏みとどまりながら、頂上にいた頃の栄華を懐かしみながら、いつかまたあそこに戻れるのではないか、という虚しい期待を胸にしながら、ずるずると後ろを振り返りながら、ビジョンもないままに同じ山を下り続けてしまったように思います。

昨今、昭和のバブル期に象徴されるような経済・金銭・物欲一辺倒のモノサシを否定する大きなうねりが地殻変動のように動いているのを感じますが、これは「バブルを終わらせる必要のない」世代によって牽引されているように思います。ポスト平成への移行において、日本がかつての経済大国とは違う形で、世界の国からリスペクトされるような国であり続けるためには、経済とは異なる別のモノサシでの登山を始めなければならないわけですが、そのためには、昭和を体験している人たちが、本質的な意味でこの時代へのノスタルジーを終わらせることが必要なのではないかと思います。

19 カリスマ

——支配を正当化する三つの要素「歴史的正当性」「カリスマ性」「合法性」

マックス・ヴェーバー（1864—1920）

ドイツの政治学者・社会学者・経済学者。社会学黎明期のコントやスペンサーに続く、第二世代の社会学者としてエミール・デュルケーム、ゲオルグ・ジンメルなどと並び称される。マルクスの歴史的な物質主義に対して、ヴェーバーは、資本主義の起源を理解するための手段として、宗教に埋め込まれた文化的影響の重要性を強調した。

人口に膾炙することの多い「カリスマ」という言葉を、今日用いられるような形で最初に使用したのはマックス・ヴェーバーでした。マックス・ヴェーバーと言えば、何をさておいても『プロテスタンティズムの倫理と資本主義の精神』、いわゆる「プロ倫」ということになるわけですが、本書ではすでにカルヴァンの「予定説」の項で、ヴェーバーの「プロ倫」については触れましたので、ここではヴェーバーの別の著書『職業としての政治』から、ヴェーバーが考察した「カリスマ」について説明します。

ヴェーバーによれば、国家であれ政治団体であれ、それは正当な暴力行使に支えられた支配関係によって秩序立てられます。それでは、被支配者が、その時の支配者の主張する権威に服従するとき、そこにはどんな拠り所があるのでしょうか。ヴェーバーは、その拠り所を三つ挙げています。とてもわかりやすいので原書からそのまま抜粋しましょう。

まず、支配の内的な正当化、つまり正当性の根拠の問題から始めると、これには原則として三つある。第一は「永遠の過去」がもっている権威で、これは、ある習俗がはるか遠い昔から通用しており、しかもこれを守り続けようとする態度が習慣的にとられることによって、神聖化された場合である。古い型の家父長や家産領主のおこなった「伝統的支配」がそれである。第二は、ある個人にそなわった非日常的な天与の資質（カリスマ）がもっている権威で、その個人の啓示や英雄的行為その他の指導者的資質に対する、まったく人格的な帰依と信頼に基づく支配、つまり「カリスマ的支配」である。預言者や――政治の領域における――選挙武侯、人民投票的支配者、偉大なデマゴーグや政党指導者のおこなう支配がこれに当たる。最後に「合法性」による支配。これは制定法規の妥当性に対する信念と、合理的につくられた規則に依拠した客観的な「権限」とに基づいた支配で、逆にそこでの服従は法規の命ずる義務の履行という形でおこなわれる。近代的な「国家公務員」や、その点で類似した権力の担い手たちのおこなう支配はすべてここに入る。

つまり、マックス・ヴェーバーの指摘に則れば、人が、ある組織なり集団なりを支配しようとするとき、その支配の正当性を担保するには「歴史的正当性」「カリスマ性」「合法性」の三つしかない、ということになります。ヴェーバーのこの指摘は、基本的に「国家運営」を問題にしていますが、これを組織運営に当てはめて考えると、大変厄介な問題が浮上することになります。

もし「カリスマ性」のある支配者がいれば、組織を方向付け、駆動する原動力となっていくのは、報酬や罰則などのルールではなく、被支配者の内発的な動機、つまり「この人についていこう」という気持ちということになります。そのようなリーダーによって支配されている組織であれば、事細かにルールを決める必要はありません。人はカリスマ性のあるリーダーの一挙手一投足に注目し、彼の言葉に耳を傾け、向かうべき方向性を理解して一生懸命に行動しますから、わずらわしい規則などかえってないほうがいい。だいたいからして、当のそのリーダー自身が規則に縛られかねません。

しかし、ヴェーバーがいみじくも「非日常的な天与の資質」とカリスマを定義しているように、カリスマ性を持ったリーダーは、そうたくさんいるわけではありません。したがって「カリスマ性のあるリーダー」から「カリスマ性のないリーダー」への交代が、どの組織でも必ずやってくることになります。ではこの時、「支配の正当性」はどのようにして担保されるのでしょうか。

ヴェーバーによれば、その正当性は「歴史的正当性」か「合法性」のどちらかしかありません。もしお誂え向きに、例えば創業家の血をひく優秀な人材がいれば、そのような人物を当てることで「歴史的な正当性」による「支配の正当性」の回復は可能かも知れません。具体名を出すことは憚りますが、現在の日本でも、いわゆる「創業家の血筋」へ経営のバトンを渡すことで求心力を回復させようとする事例はたくさん見られます。

しかし、「歴史的正当性」を持つリーダーもいない、ということになったらどうでしょうか。ヴェーバーによれば、そうなってしまうと、支配の正当性は「合法性」によるしかない、ということになります。これは要するに上意下達をルール化して、命令に従わない場合は罰則を与える、という「官僚機構」によって支配の正当性を担保せよ、ということです。これは、現在の組織運営のトレンドと、まったくフィットしません。

人をして主体的に「支配される」ようにするためには、「歴史的正当性」か「カリスマ性」が必要だ、というのがヴェーバーの主張ですが、残念ながらそのような属性を持つリーダーは数少ないため、組織の数という需要に対して供給が圧倒的に不足しています。したがって「支配の正当性」を担保するためには、多くの場合「合法性」に頼らざるを得ない。しかし、先述した通り「合法性」というのは、要するに権限規定とそれを破った場合の罰則規定というシステム、わかりやすく言えば「官僚機構」に支配の正当性を依存する仕組みですから、「権限移譲」という大きなトレンドとは完全に矛盾することになります。

さて、どうしたものか。このような時に、やってしまいがちなのが、支配の正当性を「捏造する」ということです。わかりやすいのがカルト教団です。53人の信者による集団自殺という衝撃的な結末を迎えたカルト教団の太陽寺院について、詳細なルポを書いた辻由美は次のように指摘しています。


太陽寺院は中世のテンプル騎士団の継承者を自称する。(中略)

ヨーロッパの歴史においてテンプル騎士ほど多くの伝説や逸話をうみだした集団はざらにはない。王権をおびやかすほどの勢力を誇りながら、フランス国王の弾圧によって壊滅させられた、いわば歴史的悲劇のヒーローだったせいだろう。

『ル・モンド』紙によれば、テンプル騎士をうけ継ぐと称する教団は百くらいはあるという。

(中略)

カルトにかぎらず、ひとは自分たちの正統性の根拠をよくその系譜にもとめたがる。権威には高貴な血筋が必要だ。

辻由美『カルト教団太陽寺院事件』

新しい組織がその権威を歴史的正当性に求めるというのであれば、例えば新約聖書もまたそうですね。新約聖書のド冒頭、「マタイによる福音書」は、アブラハムからイエスに至る系図で始まっています。つまり、新約聖書は、イエスによる支配の正当性を「歴史的正当性」に求めているわけです。しかし、考えてみれば、イエスはマリアの処女懐胎によって生まれているので父親はどうでもいいということになり、したがってヨセフに至る家系図を紹介してもまったく意味がないように思うのですが、どうなんでしょうか。

もとい、話を元に戻せば「歴史的正当性」や「カリスマ性」を持ったリーダーはなかなかいないので、多くの組織では「歴史的正当性」をデッチあげるということが行われる、ということです。しかし一方で、デッチあげられるような程度の「歴史的正当性」が、本当に中長期的な「支配の正当性」を担保しうるのか、という問題が残る。では「合法性」なのかというと、がんじがらめの官僚機構が、現在の社会で優秀な人材を引きつけ、動機付けられるかというと、まず不可能でしょう。

結論は一つしかありません。過去を変えられない以上、「歴史的正当性」は求めても仕方がない。では「合法性」なのかというと、官僚機構による支配を前提にしたのでは、現在の優秀な人材を惹きつけ、動機付けることは難しいし、そもそも発想として美しくありません。そうなると「カリスマ性」による支配ということになるわけですが、ヴェーバーの定義によれば、「カリスマ」というのは「非日常的な天与の資質」を持った人物ということですから、それほどたくさんいるわけではありません。結局のところ、私たちは、この数少ない「カリスマ性を持った人物」をどれだけ「人工的」に育てられるかどうか、ということにチャレンジしなくてはならない、ということになるのではないでしょうか。人を惹きつける天与の資質を持った人物をどれだけリバースエンジニアリングし、それをより裾野の広い範囲に共有・実践できるか、というのがポイントになってくると思います。

20 他者の顔
——「わかりあえない人」こそが、学びや気づきを与えてくれる

エマニュエル・レヴィナス（1906—1995）
フランスの哲学者。幼少期よりユダヤ教の経典「タルムード」に親しみ、成人してからは独自の倫理学、エドムント・フッサールやマルティン・ハイデガーの現象学に関する研究を残した。

レヴィナスの言う「他者」とは、文字通りの「自分以外の人」という意味ではなく、どちらかというと「わかりあえない者、理解できない者」といった意味です。養老孟司先生の『バカの壁』という本が大変なベストセラーになりましたが、レヴィナスの「他者」をわかりやすく表現すれば、要するに「バカの壁が邪魔して通じあえない相手」ということになります。レヴィナスが残したテキストはどれも極めて晦渋で、これを読む限り、レヴィナス自身はどうも「他者」という概念を、人以外の概念にも拡大して用いているようなのですが、よくわかりません。ただ哲学研究者でもない私たちのような立場の人間がレヴィナスのテキストから何かを汲み取ろうというのであれば、まずはわかりやすく「他者とは、なかなかわかりあえない相手」とい

うことで、まずは良いと思います。

20世紀の後半になって「他者論」が大きな哲学上の問題として浮上してきたのには必然性があります。哲学というのは、世界や人間の本性について考察する営みですが、では古代ギリシアの時代以来、膨大なエネルギーをかけて考察が積み重ねられてきたにもかかわらず、未だに「これが決定打！」とされるものが確定されないのは、なぜなのか。答えは明白です。ある人にとって「これが答えだ」とされるものが、決して「他者」にとってのそれではないからです。この連綿と「提案」と「否定」が続く、永遠に「完全な合意」に至らないかのように思える、この営みが、「わかりあえない存在」としての「他者」の存在の浮上につながったのでしょう。

このように、レヴィナスにおける「他者」は、私たちがふだん用いる「他人」という言葉よりも、はるかにネガティブなニュアンスを持っているわけですが、それでもなお、レヴィナスは「他者」の重要性と可能性について論じ続けています。ううむ、そのようなよそよそしい相手、わかりあえない「他者」が、なぜ重要なのか。レヴィナスの答えは非常にシンプルです。それは、「他者とは〝気づき〟の契機である」というものです。

自分の視点から世界を理解しても、それは「他者」による世界の理解とは異なっている。この時、他者の見方を「お前は間違っている」と否定することもできるでしょう。実際に人類の悲劇の多くは、そのような「自分は正しく、自分の言説を理解しない他者は間違っている」という断定のゆえに引き起こされています。この時、自分と世界の見方を異にする「他者」を、学びや気づきの契機にすることで、私たちは今までの自分とは異なる世界の見方を獲得できる可能性があります。

レヴィナス自身は、このような体験を、ユダヤ教の師匠と弟子である自分との関係性の中から、体験的に掴み取っていったようです。この感覚は、師匠について何らかの習い事をやった経験のある人には、心当たりがあるのではないでしょうか。私自身について言えば、学生時代に長らく勉強した作曲がそうでした。習い始めの頃は、どうにもこうにも、師匠の言う「音を外に探しに行ってはならない」という注意が、感覚的によくわからない。ここで言う「わからない」というのは、もちろん日本語として「わからない」ということではありません。その文言でもって、師匠が意図するところが「わからない」のです。

ところが、この「わからなさ」は、ある瞬間に気づくと氷解している。その瞬間に何があったのかは、自分でも遡及的に体験することができません。とにかく、昨日まで「わからなかった」ことが、なぜかはわからないけれども、今日になって「わかった」と感じられる。そのような体験をした人も少なくないと思います。このとき「私」という言葉で同定される個人は、「わかった」後と前では、違う人間ということになります。なぜなら、今日の自分が、昨日の自分に同じ文言を投げかけても、それは「バカの壁」に当たって向こうに届かないからです。

つまり「わかる」ということは「かわる」ということなんですね。そういえば、一橋大学の学長を務めた歴史家の阿部謹也は、指導教官であった上原専禄による指導について、その著書『自分のなかに歴史をよむ』の中で次のようなエピソードを紹介しています。

上原先生のゼミナールのなかで、もうひとつ学んだ重要なことがあります。先生はいつも学生が報告をしますと、「それでいったい何が解ったことになるのですか」と問うのでした。(中略)「解るということはいったいどういうことか」という点についても、先生があるとき、「解るということはそれによって自分が変わるということでしょう」といわれたことがありました。それも私には大きなことばでした。

阿部謹也『自分のなかに歴史をよむ』

未知のことを「わかる」ためには、「いまはわからない」ものに触れる必要があります。いま「わからない」ものを「わからないので」と拒絶すれば「わかる」機会は失われてしまい、「わかる」ことによって「かわる」機会もまた失われてしまう。だからこそ「わからない人＝他者」との出会いは、自分が「かわる」ことへの契機となる。これが、レヴィナスの言う「他者との邂逅がもたらす可能性」です。

さて、レヴィナスは、ともすればわかりあえず、敵対的になりうる可能性のある「他者」との邂逅において、しばしば「顔」の重要性を指摘しています。例えば次のような文章です。

ひとり「汝殺す勿れ」を告げる顔のヴィジョンだけが、自己満足のうちにも、あるいはわたしたちの能力を試すような障害の経験のうちにも、回帰することがない。というのは、現実には殺すことは可能だからである。ただし殺すことができるのは、他者の顔を見つめない場合だけである。

エマニュエル・レヴィナス『困難な自由 ユダヤ教についての試論』内田樹訳

これほどまでに「なんだかよくわからないけど、何かとても大事なことが書かれている気がする……」と感じさせる文章も少ないのではないでしょうか。レヴィナスの文章は全般に難解ですが、言葉がもたらすイメージの広がりを素直にすくい取っていくと、読む人それぞれなりに「ストン」と来るところがあるように思います。

レヴィナスがここで言おうとしているのは、わかりあえない他者とのあいだであっても、「顔」というビジョンを交換することによって、関係性を破壊することは抑止できる、ということです。

テキストで読んでも、なかなかピンとこないかも知れませんが、同様のメッセージを暗に伝える映画や漫画はたくさんあります。

例えば、地球外生命体（以下、簡易に異星人と記す）と子供との交流を描いたスティーブン・スピルバーグの傑作映画『E．T．』を取り上げてみましょう。

この映画では、地球探査に来て宇宙船から取り残されてしまった異星人と、彼をかくまってなんとか宇宙へ帰してあげようとする子供たちとの友情が描かれています。彼らの敵役として描かれている地球人の大人たちは、この異星人をなんとか捕獲して研究材料にしようと子供たちを追いつめますが、子供たちはこの包囲を逃れ、異星人は迎えに来た宇宙船に無事にたどり着いて地球を去っていく、というストーリーです。

実はこの『E．T．』という映画には、異常とも言っていい特徴があります。それは「大人の顔が画面に出てこない」ということです。映画のクライマックスに至るまで、出てくるのは徹底的に「子供の顔」と「異星人の顔」だけで、「大人の顔」は、主人公であるエリオットの母親を除いてほとんど画面に出てきません。これはつまり、この映画においては、主人公のエリオットたちにとって、大人というのは「他者」として描かれている、ということです。

もちろん、登場人物が子供だけだというのならそれはそれでわかります。でも、この映画では「異星人をなんとか母星に返そうとする子供たち」と「異星人を捕獲して研究材料にしようとする大人たち」の闘いがメインテーマですから、当然、大勢の大人が登場します。ところが、その敵役の大人たちの顔が、画面にほとんど現れない。大人の顔が画面に映るか、と思うと、不自然に腰から上が画面で切れていたり、逆光でシルエットになっていたり、放射能を防ぐため（と思しき）ヘルメットに覆われていたりと、いつも表情は読み取れません。レヴィナスが言う「顔」のビジョンが交換されないわけです。

大人の顔が登場するのは映画後半のクライマックスです。瀕死の異星人を助けるために、大人たちと子供たちが協力するシーンに至って、初めて大人たちはヘルメットを取って子供たちと直面し、主人公エリオットたちと「顔のビジョン」が交換されます。

レヴィナスが唱えた「他者」の概念は、今日、ますますその重要性を高めています。例えば我が国の状況を考えれば、北朝鮮やＩＳなど、対話そのものが難しいと感じられる国家間の関係性がすぐに思い浮かびますし、国内社会を見渡せば、ネットによる「島宇宙」化が進むことで、年収や職業や政治的傾向によって形成された社会的なグループごとに原理主義的な純粋培養が進み、相互の意見交換がほとんど「対話不可」と言っていいほど難しい状況になっています。そのような状況になったとしても、「顔」を見合わせて対話をし続ける努力が必要なのではないでしょうか。

21
マタイ効果
――「おおよそ、持っている人は与えられて、いよいよ豊かになるが、持っていない人は、持っているものまでも取り上げられるであろう」

ロバート・キング・マートン（1910―2003）
アメリカの社会学者。科学的社会学の発展に大きな業績を残した。「マタイ効果」や「予言の自己成就」など、今日広く用いられることになったコンセプトを提案した。

どのようにすればアタマの良い子、運動のよくできる子を産めるか、あるいは育てられるか、という問題は世の親御さんたちにとって大変大きな関心の対象であるらしく、そのために膨大な量の情報が世の中を流通しています。よく聞かれるのは妊娠中にはたくさん鉄分を取った方がいいとか、青魚に含まれるＤＨＡが脳の発育に効くとかといったことで皆さん、特に女性の方は大変な苦労をされているわけですが、しかし実は、多くの人が実践して「いない」にもかかわらず、確実に子供の成績や運動能力が高まる産み方がある、と言えば驚かれるでしょうか。

それは、子供を4月に産む、ということです。

これはよく知られていることですが、日本のプロ野球選手やJリーグの選手の誕生月は、統計的なバラツキとして説明できないほど、4月や5月などの「年度の前半に近い月」の生まれが多いことがわかっています。

具体的には、例えばプロ野球選手の場合、12球団への登録選手809人（外国人選手を除く）のうち、4月〜6月生まれの選手は248人で全体の約31％となっている一方、1月〜3月生まれは131名で16％しかいません。

これはJリーグでも同様で、J1の18クラブ登録選手全454名の誕生月を見ると4月〜6月生まれは149人で全体の約33％であるのに対して、1月〜3月生まれは71人で16％と約半分しかいません。※2

人口統計的には、誕生月による人口の差はほとんどないことがわかっていて、月別の出現率は8・3％、四半期では25％となっています。したがって、プロ野球／Jリーグともに4月〜6月生まれの登録選手が31〜33％になっているという事実は、確実に「何かが起きている」ことを示唆しているわけです。

※2：プロ野球のデータは『プロ野球名鑑2011年版』、Jリーグのデータは『オフィシャルブック2011年』による。少し古いデータだが各年での傾向に大きな変化はない。

運動についてはわかった。では勉強はどうなのか？　というと、こちらもやはり統計的には「デキル子」は4月〜6月生まれが多いことがわかっています。

一橋大学の川口大司准教授が、国際学力テスト「国際数学・理科教育動向調査」の結果を分析したところ、4月〜6月生まれの子の学力は他の時期に生まれた子よりも相対的に高いことが明らかになっています。

ここでは詳細な説明は割愛しますが、川口准教授によると、日本の中学2年生（約9500人）と小学4年生（約5000人）の数学と理科の平均偏差値を生まれ月ごとに算出した結果、4月から順に月を下って3月まで、奇麗に平均偏差値が下がること、4月〜6月生まれの平均偏差値と1月〜3月生まれの平均偏差値とでは、およそ5〜7程度の差があること等がわかっています。偏差値で5〜7ということは志望校のランクが一段違うということですから、これは下手をすると人生にインパクトを与える差になりかねない、ということです。

小学校1年生や2年生であれば、4月生まれと3月生まれで学力に差が発生するということは感覚的に納得できますよね。小学校1年生は7歳ということですから、4月生まれの子は月数ベースで誕生以来84ヶ月の学習を積み重ねている一方、3月生まれの子は73ヶ月の期間しかなかったわけで、およそ13％ほど学習期間が短いということになります。学習量の累積が1割以上違うのであれば、それはそれで差があるだろうというのはまあわかりますよね。

ところが川口准教授の研究では、中学2年生と小学4年生でも同様に4月生まれと3月生まれで差があることがわかっています。中学2年生といえば14歳ということですから、誕生以来の累積学習月数は、4月生まれであれば168ヶ月、3月生まれであれば157ヶ月ということでその差分は7%弱にしかなりません。この差が、平均偏差値であれだけの差分につながるというのは学習理論の枠組みでは説明できません。

この差異は、科学社会学における「マタイ効果」によって説明できると考えられています。科学社会学の創始者であるロバート・マートンは、条件に恵まれた研究者は優れた業績を挙げることでさらに条件に恵まれる、という「利益─優位性の累積」のメカニズムの存在を指摘しています。マートンは、新約聖書のマタイ福音書の文言「おおよそ、持っている人は与えられて、いよいよ豊かになるが、持っていない人は、持っているものまでも取り上げられるであろう」という一節から借用してこのメカニズムを「マタイ効果」と命名しました。

著名科学者による科学的文献には水増しする形で承認が与えられる一方、無名科学者にはそれが与えられません。例えば、ノーベル賞受賞者は、生涯ノーベル賞受賞者であり続けますが、この受賞者は学界で有利な地位が与えられるために、科学資源の配分、共同研究、後継者の養成においてますます大きな役割を果たす一方、例えば無名の新人科学者の論文は学術誌に受理されにくく、業績を発表することについて著名科学者に比べて不利な位置におかれる、ということです。

この「マタイ効果」が、子供たちにも作用しているのではないかという仮説は以前から教育関係者の間で議論されていました。例えば、同学年で野球チームを作る場合、4月生まれの方が体力面でも精神面でも発育が進み、どうしても有利な場合が多い。そのため、結果的にチームのスタメンに選ばれ、より質の高い経験と指導を受けられる可能性が高まります。人はいったん成長の機会を与えられるとモチベーションが高まり、練習に励むようになりますからこれでますます差がつく。

この「マタイ効果」についての是非の議論は横においておくとして、これらの事実、つまり4月生まれは3月生まれよりスポーツも勉強もできる、という統計的事実と、その要因に対してマートンが唱えた仮説は、組織における「学習機会のあり方」について私たちに大きな反省材料を与えてくれると思います。

私たちは常に「飲み込みの早い子」を愛でる一方、なかなか立ち上がらない子をごく短い期間で見限ってしまうという、とても良くない癖を持っています。なぜそういうことが起こるかというと教育のためのコストが無限ではないからです。これは会社における教育投資でも、社会資本としての教育機会であっても同じことですが、私たちは「より費用対効果の高い子」に教育投資を傾斜配分してしまう傾向があり、そのため初期のパフォーマンスの結果によって、できる子はさらに良い機会が与えられて教育される結果、更にパフォーマンスを高める一方、最初の打席でパフォーマンスを出せなかった子をますます苦しい立場に追いやってしまう、ということをしがちです。しかし、こういうことを続けていると「物わかりの早い器用な子」ばかりを組織内に抱える一方、噛み砕くのに時間はかかるけれども本質的にモノゴトを理解しようと努める子（つまりイノベーションの種子になるアイデアを出すような人）を疎外してしまう可能性があります。そして、そのような「いい子」ばかりになった組織は、やっぱり中長期的には脆くなってしまうと思うのです。

「4月生まれの子は成績もいいしスポーツもできる」という、発生学から考えればとても不自然な事実は、私たちに、人を育てるに当たって最初期のパフォーマンスの差異をあまり意識せず、もう少し長い眼で人の可能性と成長を考えてあげることが必要だ、ということを教えてくれるように思います。

22 ナッシュ均衡
──「いい奴だけど、売られたケンカは買う」という最強の戦略

ジョン・ナッシュ（1928─2015）
アメリカの数学者。ゲーム理論、微分幾何学、偏微分方程式の研究に関して大きな功績を残した。ナッシュが提唱したナッシュ均衡が非常に有名なため、ゲーム理論がナッシュのライフワークと思われていることもあるが、ナッシュがゲーム理論の研究に従事していたのは博士課程在学中とその後のわずか数年間だけであり、キャリアの後半生はプリンストン大学の数学者として働き、1994年にはノーベル経済学賞を受賞している。

ナッシュ均衡というのはゲーム理論の用語です。ゲームに参加しているどのプレイヤーも、他の選択肢を取ることで期待値が向上しない、つまり「均衡」している状態を指します。ナッシュ均衡を説明するための思考実験として最もよく知られているのが「囚人のジレンマ」です。「囚人のジレンマ」は、もともとは1950年、プリンストン大学の数学者アルバート・タッカーが講演の時に用いた一種の思考実験です。ちなみにアルバート・タッカーは、「ナッシュ均衡」という言葉の生みの親であるジョン・ナッシュの指導教官でした。

「囚人のジレンマ」とは、次のような思考実験です。二人組の銀行強盗が警察に捕まって別々

の部屋で取調べを受けている。検察官は二人の容疑者に対して次のように迫ります。「もし、両者とも黙秘を続ければ証拠不十分で刑期は1年。二人とも自白すれば刑期は5年。相方が黙秘を続けているとき、お前が自白すれば捜査協力の礼としてお前は無罪放免、相方は刑期10年だ」と。

このとき、二人の囚人はこのように考えるはずです。「もし相方が黙秘する場合、自分が自白すれば無罪放免、自分も黙秘すれば刑期1年で、この場合自白した方がいい。一方、相方が自白するのであれば、自分も自白すれば刑期は5年、自分が黙秘すれば刑期10年で、こちらの場合もやはり自白した方がいい。つまり相方が自白しようが黙秘しようが、こちらにとってはいずれの場合でも自白が合理的だ」と。結果的に、二人の囚人はそろって自白し、どちらも5年の刑を受けることになってしまうという話です。利得を最大化するための合理的な戦略を採用した結果、必ずしもプレイヤー全体での利得は最大化されないという話で、専門的には非ゼロ和ゲームといいます。

この「囚人のジレンマ」は、一回こっきりの意思決定で参加者の利得が決定されるゲームですが、実際の人間社会はそれほど単純ではなく、協調か裏切りかの選択を何度も繰り返すことになります。この「何度も繰り返す」という面を反映させて、社会における人間の意思決定へより深い示唆を与えてくれるのが、その名もズバリ「繰り返し囚人のジレンマ」と呼ばれるゲームです。

このゲームでは、プレイヤーはそれぞれ「協調」と「裏切り」のカードを持っていて、合図と共に同時に相手にカードを見せ合います。もし二人とも裏切る場合、二人とも1万円の賞金を得る。もし二人とも協調すれば二人とも3万円の賞金を得る。もし一方が裏切り、他方が協調すれば裏切った側に5万円の賞金が与えられ、協調した側には何も与えられません。さて問題です。最も高い賞金を得るためには、どのような選択を行うべきなのでしょうか？

このゲームは、そのシンプルさからは信じられないような大変な論争を巻き起こし、最終的にミシガン大学の政治学者ロバート・アクセルロッドは、この「繰り返し囚人のジレンマ」をコンピューター同士に戦わせて、どのようなプログラムがもっとも高い利得を得るかをコンテストで競わせることにしました。このコンテストには、政治学、経済学、心理学、社会学などの分野から14名の専門家が練りに練ったコンピュータープログラムを引っ提げて参加し、アクセルロッドは、これに無作為に「協調」と「裏切り」を出力するランダム・プログラムを加えて総計15のプログラムによる総当たり戦を行わせました。実際には一試合につき200回の「囚人のジレンマ」ゲームを行い、それを計5試合行って平均獲得点を比較するということにしました。

さて、その結果を見て関係者は大変驚いた。優勝したのが、応募されたプログラムの中でもっともシンプルな、たった三行のものだったからです。このプログラムはトロント大学の心理学者アナトール・ラパポートが作成したもので、具体的には、初回は「協調」を出し、二回目は前回の相手と同じものを出し、以下それをひたすら繰り返す、という極めてシンプルなものだったのです。

実はこの実験には選定プロセスや結果の合理性についていろいろと批判もあるのですが、それはちょっと横に置いておいて、当のアクセルロッドが整理した「このプログラムの強さのポイント」が興味深いので説明しましょう。

第一に、このプログラムは自分からは決して裏切りません。まず協調し、相手が協調する限り協調し続けるという「いい奴」な戦略です。

その上で、第二に、相手が裏切れば即座に裏切り返します。協調してばかりだと相手が裏切った際に損失が膨らみますが、即座にペナルティを向こうに与えるわけです。「いい奴」だけど、売られたケンカは買う、ということです。

さらに、第三のポイントとして、裏切った相手が再び協調に戻れば、こちらも協調に戻るという「寛容さ」を持っています。終わったことは水に流して握手、というナイスガイな戦略です。最後に、このプログラムは、相手側からすると「こちらが裏切らない限りいい人だけど、こっちが裏切ると裏切る」ことが明白で、非常に単純でわかりやすく、予測しやすいという特

繰り返し囚人のジレンマ

1回限り

プレイヤーA ＼ プレイヤーB	裏切り	協調
裏切り	A：1万円 B：1万円	A：5万円 B：釈放
協調	A：釈放 B：5万円	A：3万円 B：3万円

↓

何度も繰り返す場合

相手が裏切れば裏切り返し、
相手が協調する限り協調し続ける。

徴があります。

こうやって強さのポイントを並べてみると、「なんだ⁉ これはアメリカ人そのものじゃないか⁉」とも思われるわけですが、それはそれとして、この非常に単純な戦略は大変堅固で、この数年後に行われた第二回のコンテストにおいて、統計解析を駆使して打ち手を出力するような高度なプログラムをも含む遥かに多くの競争相手と対戦しながら、やはり再度優勝しています。この結果、ラパポートの考案したプログラムは、非常に広範な戦略に対して有効な戦略だと認められたわけです。

他者に対して人が持つ基本認識には大変なバラエティがあって、例えば「人を見たら泥棒と思え」という格言もまた人類の知性の結晶なのだ、と思う方もいるかも知れませんが、まず協調し、相手から裏切られない限り協調し続けるというプログラムが、「繰り返し囚人のジレンマ」ゲームにおいては最強の戦略となる、ということはいろいろと我々に考えさせるものがあります。アクセルロッドは、これらの研究を『つきあい方の科学』という本にまとめ、ゲーム理論を実際の生活に適用してみるとどのように活用できるかという点、それは例えば「この協調戦略は長い付き合いが想定されるケースでは有効だけれども、そうでない場合はその限りではない」といった示唆についても言及をしているので、ご興味をもたれた方は目を通してみるといいと思います。

23 権力格差
——上司は、自分に対する反対意見を積極的に探せ

ヘールト・ホフステード（1928—）
オランダの社会心理学者。組織・国・民族間における文化的差異に関して先駆的研究を行った。

皆さんもよくご存知の通り、通常、旅客機では機長と副操縦士が職務を分担してフライトします。副操縦士から機長に昇格するためには通常でも10年程度の時間がかかり、したがって言うまでもなく、経験・技術・判断能力といった面において、機長は副操縦士より格段に優れていると考えられます。しかし、過去の航空機事故の統計を調べると、副操縦士が操縦桿を握っている時よりも、機長が操縦桿を握っている時の方が、はるかに墜落事故が起こりやすいことがわかっています。これは一体どういうことなのでしょうか？

この問題は、組織というものが持っている、不思議な特性が現れています。組織を「ある目的を達成するために集められた二人以上からなる集団」と定義すれば、航空機のコクピットと

いうのは最小の組織であると考えることができます。

組織の意思決定のクオリティを高めるには「意見の表明による摩擦の表出」が重要です。誰かの行動や判断に対して、他の誰かが「それはおかしい」と思った際に、遠慮なくそれを声に出して指摘することが必要なわけです。つまり、航空機のコクピットにおいては、片方の判断や行動について、別の片方が反対意見を遠慮なく言える、ということが重要になるわけです。

さて、副操縦士が操縦桿を握っている場合、上役である機長が副操縦士の行動や判断に対して意義を唱えることはごく自然にできることだと考えられます。一方、逆のケースではどうでしょうか？　機長が操縦桿を握っている際、目下である副操縦士は機長の行動や判断に対して反対意見を唱えられるでしょうか？　おそらく、なんらかの心理的抵抗を感じるはずです。そしてその心理的抵抗から、自分の懸念や意見を封殺してしまった結果が、「機長が操縦桿を握っている時の方が、事故が起こりやすい」という統計結果に出ていると考えることができます。

上役に向かって反論する際に部下が感じる心理的な抵抗の度合いには、民族間で差があるということがわかっています。オランダの心理学者ヘールト・ホフステードは、全世界で調査を行い、この「部下が上役に対して反論する時に感じる心理的な抵抗の度合い」を数値化し、それを権力格差指標＝PDI（Power Distance Index）と定義しました。

ホフステードは、もともとマーストリヒトにあるリンブルフ大学の組織人類学および国際経営論の研究者でした。1960年代初頭において、すでに国民文化および組織文化の研究の第一人者として国際的に著名だったホフステードは、IBMからの依頼を受けて1967年から1973年の6年間にわたって研究プロジェクトを実施し、その結果IBMの各国のオフィスによって管理職と部下の仕事の仕方やコミュニケーションが大きく異なること、それが知的生産に大きな影響を与えていることを発見しました。ホフステードは多くの項目を含む複雑な質問表をつくりあげ、長い年月のうちに各国から膨大な量のデータを回収し、様々な角度から「文化的風土がもたらす行動の差異」についての分析を行っています。その後の彼の論考のほとんどは、この時の研究を何らかの形でベースとしています。

具体的には、ホフステードは文化的差異に着眼するに当たって、次の六つの「次元」を定義しており、今日、これらは一般に「ホフステードの六次元」として知られています。

①Power distance index（PDI）上下関係の強さ
②Individualism（IDV）個人主義的傾向の強さ
③Uncertainty avoidance index（UAI）不確実性回避傾向の強さ
④Masculinity（MAS）男らしさ（女らしさ）を求める傾向の強さ
⑤Long-term orientation（LTO）長期的視野傾向の強さ

⑥ Indulgence versus restraint（IVR）快楽的か禁欲的か

ホフステードは権力格差を「それぞれの国の制度や組織において、権力の弱い成員が、権力が不平等に分布している状態を予期し、受け入れている程度」と定義しています。例えば、イギリスのような権力格差の小さい国では、人々のあいだの不平等は最小限度に抑えられる傾向にあり、権限分散の傾向が強く、部下は上司が意思決定を行う前に相談されることを期待し、特権やステータスシンボルといったものはあまり見受けられません。

これに対し権力格差の大きい国では、人々のあいだに不平等があることはむしろ望ましいと考えられており、権力弱者が支配者に依存する傾向が強く、中央集権化が進みます。

以上より、権力格差の違いは職場における上司・部下の関係性のあり方に大きく作用することになります。端的にホフステードは「権力格差の小さいアメリカで開発された目標管理制度のような仕組みは、部下と上司が対等な立場で交渉の場を持てることを前提にして開発された技法であり、そのような場を上司も部下も居心地の悪いものと感じてしまう権力格差の大きな文化圏ではほとんど機能しないだろう」と指摘しています。ホフステードによれば、先進7カ国の権力格差は次ページの通りとなっていて、こちらも想像に難くないことですが、やはり日本のスコアは相対的に上位に位置しています。

フランス	68
日本	54
イタリア	50
アメリカ	39
カナダ	39
旧西ドイツ	35
イギリス	35

ホフステードは、韓国や日本などの「権力格差の高い国」では「上司に異論を唱えることを尻込みしている社員の様子がしばしば観察されており」、「部下にとって上司は近づきがたく、面と向かって反対意見を述べることは、ほとんどありえない」と同調査の中で指摘しています。

さて、では権力格差の大きさは具体的にどのような影響を及ぼすのでしょうか。現在の日本の状況を考えると、二つの示唆があるように思えます。

一つ目の示唆は、コンプライアンスの問題です。組織の中で、権力を持つ人によって道義的に誤った意思決定が行われようとしている時、部下である組織の人々が「それはおかしいでしょう」と声を上げられるかどうか。ホフステードの研究結果は、我が国の人々は、他の先進諸国の人々と比較して、相対的に「声を上げることに抵抗を覚える」度合いが強いことを示唆しています。

二つ目の示唆は、イノベーションに関する問題です。本書別箇所でも取り上げている科学史家のトーマス・クーンは、パラダイムシフトを起こす人物の特徴として「非常に年齢が若いか、その領域に入って日が浅い人」という点を挙げています。これはつまり、組織の中において相対的に弱い立場にある人の方が、パラダイムシフトにつながるようなアイデアを持ちやすいということを示唆しています。したがって、そのような弱い立場にある人々が、積極的に意見を表明することで、イノベーションは加速すると考えられるわけですが、日本の権力格差は相対的に高く、組織の中で弱い立場にある人は、その声を圧殺されやすい。

以上の二つを踏まえれば、組織のリーダーは、部下からの反対意見について、それが表明されれば耳を傾けるという「消極的傾聴」の態度だけでは、不十分だということが示唆されます。より積極的に、自分に対する反対意見を、むしろ探して求めるという態度が必要なのではないでしょうか。

24 反脆弱性

――「工務店の大工さん」と「大手ゼネコンの総合職」はどちらが生き延びるか？

ナシーム・ニコラス・タレブ（1960―）

レバノン出身、アメリカの作家、認識論者、独立研究者。かつては数理ファイナンスの実践者だった。金融デリバティブの専門家としてニューヨークのウォール街で長年働き、その後認識論の研究者となった。著書に『ブラック・スワン』『反脆弱性』など。

反脆弱性とは、「外乱や圧力によって、かえってパフォーマンスが高まる性質」のことです。日本語だと非常に硬骨に感じられますが、原書ではAnti-Fragileという新語の形容詞が用いられています。いずれにせよ、私たちが一般的に用いている言葉には、そのままズバリ、このような性質を表す言葉はありません。この点については本書の後半部、ソシュールの言語学に関する項で詳述しますが、私たちの言葉は、私たちの世界認識の枠組みを反映していますから、「反脆弱性」を意味するそのままズバリの言葉が英語にも日本語にもなかった、ということは、これが概念として新しいことを示唆しています。

普通、私たちは、外乱や圧力によってすぐに壊れたり、調子が悪くなったりする性質のことを「脆弱＝脆い＝Fragile」と形容します。では、これに対置される概念は何かと言うと、一般的には「頑強＝Robust」ということになります。しかし、本当にそうなのか、というのがタレブの思考の出発点でした。「外乱や圧力の高まりによってパフォーマンスが低下する性質」というのが「脆弱性」の定義なのだとすれば、対置されるべきなのは「外乱や圧力の高まりによって、かえってパフォーマンスが高まるような性質」ではないのか。これをタレブは「反脆弱性＝Anti-Fragile」と名付けました。タレブは次のように書きます。

反脆さは耐久力や頑健さを超越する。耐久力のあるものは、衝撃に耐え、現状をキープする。だが、反脆いものは衝撃を糧にする。この性質は、進化、文化、思想、革命、政治体制、技術的イノベーション、文化的・経済的な繁栄、企業の生存、美味しいレシピ（コニャックを一滴だけ垂らしたチキン・スープやタルタル・ステーキなど）、都市の隆盛、社会、法体系、赤道の熱帯雨林、菌耐性などなど、時とともに変化しつづけてきたどんなものにも当てはまる。地球上の種のひとつとしての人間の存在でさえ同じだ。そして、人間の身体のような生きているもの、有機的なもの、複合的なものと、机の上のホッチキスのような無機的なものとの違いは、反脆さがあるかどうかなのだ。

ストレスや外乱やエラーによって、かえってシステム全体のパフォーマンスが上がる、というとなかなかイメージがしにくいかも知れません。例えば、いわゆる炎上マーケティングはAnti-Fragileと言えます。炎上というのは間違いなく主体者にとってはストレスでしょうが、そのストレスによってかえって集客や集金のパフォーマンスが向上するのだとすれば、これは「反脆弱な特性」と言えます。レオナルド・ディカプリオが、失業者から年収50億円にまで成り上がった実在の証券トレーダー、ジョーダン・ベルフォートを演じて話題になった『ウルフ・オブ・ウォールストリート』では、ベルフォートが社長を務める金融トレーディング会社をコキ下ろす記事が雑誌の『FORTUNE』に掲載された際、激怒するベルフォートを妻が「There is no such Bad Publicity＝世の中には〝悪い広報〟なんていうのはないのよ」となだめるシーンがあります。結局、このコキ下ろす記事がきっかけになってベルフォートの会社には採用希望者が殺到し、その後、爆発的な拡大を始めるわけですから、これもまた「ストレスによってかえってシステムのパフォーマンスが上がっている例」と考えられます。人間の体もそうですね、絶食や運動といった「負荷」をかけることでかえって健康になるわけですから、これも反脆弱なシステムだということになります。

タレブが「反脆弱性」という概念を非常に重要視するのは、私たちが、非常に予測の難しい時代を生きているからです。リスクをあらかじめ予測できれば、そのリスクに対応できるような「頑強なシステム」を組めばいい。津波に対応するためのスーパー堤防のようなものですが、ではそれは可能なのか？　タレブは次のように指摘しています。

システムに害をもたらす事象の発生を予測するよりも、システムが脆いかどうかを見分けるほうがずっとラクだ。脆さは測れるが、リスクは測れない（リスクが測れるのは、カジノの世界や、〝リスクの専門家〟を自称する連中の頭の中だけの話だ）。私は、重大で稀少な事象のリスクを計算したり、その発生を予測したりすることはできないという事実を、「ブラック・スワン問題」と呼んでいる。脆さを測るのは、この問題の解決策となる。変動性による被害の受けやすさは測定できるし、その被害をもたらす事象を予測するよりはよっぽど簡単だ。だから、本書では、現代の予測、予知、リスク管理のアプローチを根底からひっくり返したいと思っている。

「一見、脆弱に見えるけれども実は反脆弱なシステム」と「一見、頑健に見えるけれども実は脆弱なシステム」の対比は社会の至る所に見られます。例えば「手に職を持った工務店の大工さん」と「大手ゼネコンの総合職」とか、「アメ横商店街」と「大型百貨店」とか、「ママチャリ」と「ベンツSクラス」などです。5万円のママチャリと1000万円のベンツを比較して、「後者の方が脆弱である」と指摘すれば、多くの人は訝しく思うでしょう。それは、それらの印象があくまで「システムが正常に動いている状態」を前提にしているからです。東日本大震災の際には東京でも交通網が完全に麻痺し、筆者はオフィス近辺で自転車を購入して30キロ離れた自宅まで2時間ほどで帰ることができましたが、自動車に頼って移動しようとした人は5倍以上の時間をかけています。

さて、この「反脆弱性」を組織論やキャリア論に当てはめて考えてみるとどのような示唆が得られるでしょうか。

まず組織論について言えば、意図的な失敗を織り込むのが重要だ、ということになります。ストレスの少ない状況になればなるほどシステムは脆弱になってしまうわけですから、常に一定のストレス、自分自身が崩壊しない程度のストレスをかけることが重要です。なぜかというと、その失敗は学習を促し、組織の創造性を高めることになるからです。

同様のことがキャリア論の世界においても言えます。「頑健なキャリア」ということになると、「大手都市銀行や総合商社など、評価の確立している大きな組織に加わり、そこでつつがなく、大きな失敗をすることもなく、順調に出世していく」ことだと考えられますが、さてそのようなキャリアは本当に言われているほど「頑健」なのでしょうか。本書執筆中の2018

年2月時点ではすでに、大手都市銀行による人員削減のニュースが社会を賑わせています。組織論の専門家から言わせれば、銀行の仕事というのはモジュール化が進んでおり、また手続きのプロトコルが非常に洗練されているので最も機械に代替させやすいんですね。大きな組織に勤めてその中でずっと過ごすということになると、その人の人的資本（スキルや知識）や社会資本（人脈や評判、信用）のほとんどは企業内に蓄積されることになります。ところが、この人的資本や社会資本は、その会社を離れてしまうと大きく目減りしてしまう。つまり人を一つの企業として考えてみた場合、この人のバランスシートというのは、その会社から離れてしまうと極めて「脆弱」になってしまうわけです。

ではどうすればいいのか？　多くの失敗をできるだけ若いときに重ねること、いろんな組織やコミュニティに出入りして、人的資本と社会資本を分散した場所に形成することなどの要件が重要になってきます。一個一個の組織やコミュニティは脆弱なものかも知れませんが、重要なのは組織やコミュニティの存続よりも、その人の人的資本・社会資本の残存性です。仮にその組織やコミュニティが消滅してしまったとしても、そこに所属していた人たちのあいだで信用が形成されているのであれば、その人の社会資本は目減りせず、アメーバ状に分散して維持されることになります。

この考察をさらに推し進めれば、タレブの指摘する「反脆弱性」というコンセプトは、私たちが考える「成功モデル」「成功イメージ」の書き換えを迫るものだということに気づきます。先述した通り、私たちは自分たちの組織なりキャリアなりを、なるべく「頑強」なものにするという「成功イメージ」を持ちます。しかし、これだけ予測が難しく、不確実性の高い社会では、一見すると「頑強」に見えるシステムが、実は大変脆弱であったことが明らかになりつつあります。自分の所属する組織にしても自分のキャリアにしても、いかに「反脆弱性」を盛り込むかは、大きな論点になってくると思います。

第3章

「社会」に関するキーコンセプト

「いま、何が起きているのか」を理解するために

25 疎外
——人間が作り出したシステムによって人間が振り回される

カール・マルクス（1818—1883）

ドイツ・プロイセン王国出身の哲学者、思想家、経済学者、革命家。1845年にプロイセン国籍を離脱しており、以降は無国籍者であった。1849年（31歳）の渡英以降はイギリスを拠点として活動した。フリードリッヒ・エンゲルスの協力を得つつ、包括的な世界観および革命思想として科学的社会主義（マルクス主義）を打ちたて、資本主義の高度な発展により共産主義社会が到来する必然性を説いた。ライフワークとしていた資本主義社会の研究は『資本論』に結実し、その理論に依拠した経済学体系はマルクス経済学と呼ばれ、20世紀以降の国際政治や思想に多大な影響を与えた。

疎外というのはマルクスの残した数多くのキーワードのうち、比較的誤用されがちな用語の一つですが、特に難解な概念だと構えることはありません。むしろ世の中のあっちこっちで起こっていることなので、知っておくと様々な状況を正確に理解する助けになります。

疎外というのは、人間が作り出したものが人間から離れてしまい、むしろ人間をコントロールするようになることです。多くの解説では「よそよそしくなる」などという説明がなされていますが、「よそよそしくなる」だけなら別に放っておけばいいわけで、大した実害はありません。疎外が大きな問題になるのは、人間が作り出したシステムによって人間が振り回されるようになる、ということです。男女関係で比較すれば、先ほどの「よそよそしくなる」というのは、「他人行儀になって距離感が生まれる」という感じですが、そうではなく、むしろ「振り回されるようになる」ニュアンスです。

マルクスは、彼の著書『経済学・哲学草稿』の中で、資本主義社会の必然的帰結として、四つの疎外が発生する、と指摘しています。

一つ目は、労働生産物からの疎外です。資本主義社会における賃金労働によって労働者が生み出した商品は、全て資本家のものになります。マタギが山で仕留めたクマを持ち帰るのは当たり前のことですが、工場でできあがった商品を工員が勝手に家に持って帰ることは許されません。なぜ許されないのか？　工場で生産されたばかりの商品は会社の資産であり、バランスシートの棚卸資産として計上されます。バランスシートに計上されるということは、つまりこれは会社の資産であり、要するに株主＝資本家のものだということになります。自らの労働によって生み出した商品であるにもかかわらず、自分のものではなく、さらにはそれが世に出されることによって、自らの生活が影響を受ける。これが労働生産物からの疎外です。

二つ目は労働からの疎外です。現在では必ずしもこの指摘は適切ではないと思いますが、マルクスによれば、労働中の労働者は多くの場合、苦痛や退屈さを覚え、自由が抑圧された状態にあります。アダム・スミスをはじめとした古典派経済学者たちが分業による生産性の向上を唱えた結果、労働は人間にとって「退屈でできれば避けたいもの」へと堕落してしまいました。この状況をマルクスは問題視します。つまり、本来「労働（labor）」というのは人間にとって創造的な活動（work）であるべきだ」と考え、これが賃金労働制によってゆがめられていると指摘したわけです。人間は労働をしている間、自己を感じることができず、労役から解き放たれて初めて独立した自分となることができるようになる。これが労働からの疎外です。

そして上記の二つによって行き着くのが、三つ目の類的疎外です。「類的」とは随分と奇態な訳語を付けたものですが、原書を確認すればドイツ語では「gattung」となっており、これを英語で引くと「species」となっていますから、どちらかというと「種」というニュアンスの方がしっくりくるかも知れません。ただ、厳密な意味でドイツ語の「gattung」と英語の「species」は異なるようで、マルクスの『経済学・哲学草稿』を英訳したマーチン・ミリガンは、元々のドイツ語が持っているニュアンスを英語に翻訳することに大変苦労したと述懐しています。

では「類的疎外」とはどのようなものか。マルクスによれば、人間は類的存在、つまりある「種類」に属しており、そこで健全な人間関係を形成する生き物だということになります。しかし分業や賃金労働によって、健全な人間関係は破壊され、労働者は資本家が所有する会社や社会の、言わば「機械的な部品＝歯車」となってしまいます。これが「類的疎外」です。

四つ目は人間（他人）からの疎外です。これをわかりやすく意訳すれば「人間らしさからの疎外」ということになります。資本主義社会において、労働者である人間の価値は、社会や会社の歯車としてどれだけ有効に働くか、つまり「生産性」だけが問われるようになります。こうなってしまうと人間の興味は、どれだけ短い労働で手っ取り早く稼ぐか、ということになり、人間らしい「労働の喜び」や「贈与の喜び」は失われてしまい、むしろ「他人からいかに奪うか」「他人をどうやって出し抜くか」に専心するようになります。これが人間からの疎外です。

さてここまで、マルクスが元々指摘した四つの疎外について説明してきました。お読みいただければわかる通り、マルクスは元々、資本主義社会のもとで展開される労働と資本の分離、あるいは分業による労働のシステム化がもたらす弊害として疎外を整理しているわけですが、疎外をもう少し広い射程を持った概念、つまり「自分たちが生み出したシステムによって、自分たちが振り回され、毀損される」ことだと考えてみると、実は「疎外」が様々な領域で発生していることに気がつくと思います。

例えば資本市場というのは、もちろん人間が作り出したものですが、いまではこれを制御できる人は誰もいない。制御できないどころか、どのような振る舞いをするのかを予測することすらできず、多くの人が振り回されているわけです。

もう少し小さな枠組みの話をすれば、例えば企業における人事評価体系がそうです。人事評価体系自体はもちろん、組織のパフォーマンスを最適化するという目的のために、人の能力や成果を適正に評価することを目論んで人為的に設計されたシステムです。ここでは「組織のパフォーマンスを最適化する」という目的のために、「人事評価制度」という手段が開発された、ということなのですが、ご存知の通り、ほとんどの日本企業では「人事評価制度をとにかく回す」ということ自体が目的化され、当初の目的であった「組織のパフォーマンスを最適化する」という観点からのレビューが、ほとんど行われていません。これもまた一種の疎外と言えます。ひっくるめて言えば、疎外というのは目的とシステムの間に想定された主従関係が逆転し、システムが主となって目的を従属化させるということです。

私たちは、何か問題があると、システムを作ることでそれを解決しようとします。しかし、では本当にそのシステムによって問題が解決するかというと、どうでしょうか。多くの場合、そのシステムは別の問題を生み出し、しかも元からあった問題は解決されないままです。先述した人事評価制度などはその最たるものですが、最近の喩えで一つ挙げれば、コーポレートガバナンスに関連する規制やルールなども、おそらく30年後にはそのようなものの一つとして記憶されることになるはずです。企業活動における倫理的な側面での規律は、何をさておいても企業経営に携わる人々の倫理観や道徳観によっています。この部分についての手当をほとんど考えることなく、ルールを与え、その順守状況を外側から監視することに膨大なエネルギーをかけても、結局、問題は解決しない。これは、会計制度をどんなに整備したところで、粉飾決算がいつまでたっても根絶できない状況を見れば明らかです。ルールやシステムで人の行動をコントロールしようとすれば、そこに自ずと「疎外」は発生してしまう。であれば私たちは、むしろ理念や価値観といった内発的なものによって、望ましい行動へと促すのが重要なのではないでしょうか。

26 リバイアサン

――「独裁による秩序」か？　「自由ある無秩序」か？

トマス・ホッブズ（1588―1679）

イギリスの哲学者。1651年に著した主著『リバイアサン』によって、社会契約理論を確立し、現代まで連綿とつながる政治哲学の礎を築いた。また政治哲学に加えて、歴史、法学、幾何学、ガス物理学、神学、倫理学、一般哲学など、様々な分野に貢献した。

リバイアサンというのはホッブズの造語ではなく、元々は旧約聖書に出てくる怪物の名前です。例えば旧約聖書の「ヨブ記」では次のように描写されています。

曙のまばたきのように、光を放ち始める。
口からは火炎が噴き出し
火の粉が飛び散る。（中略）
首には猛威が宿り
顔には威嚇がみなぎっている。

旧約聖書ヨブ記41節より

この描写を読むと、私たち日本人は「なるほど、これはゴジラだな」と思うわけですが、ホッブズがイメージしていたのも、まさにそのような「人知の及ばない巨大なパワー」だったようです。

ホッブズは、世界というシステムのあり様を二つの前提をおいて思考実験にかけます。その前提とは以下の通りです。

①人間の能力に大きな差はない
②人が欲しがるものは希少で有限である

いかにもメカニカルな考え方ですね。これはホッブズの少し後に出てくるデカルトやスピノザなどにも共通する考え方で、少し難しい言葉で「唯物論的世界観」とか「機械論的自然観」と言います。精神性や情緒性を排除した、時計仕掛けのようにメカニカルな世界観のことです。現在を生きている私たちからすると、このような考え方はそれほど不自然ではないように思われるかも知れませんが、ホッブズが生きていた17世紀末は未だに「世界は神様が創造された」

と考えるのが主流だった……というか、そういう考え方をしない人を異端として火あぶりにしたわけですから、このような考え方は極めて革命的なものだったんですね。

さて、話をもとに戻せば、ホッブズは、この二つの命題から必然的に引き出される「社会の状態」を定義します。それは「万人の万人による戦い」という状態です。希少なものを奪い合うために皆が戦い合う、いま風に言えば「ディストピア」こそが世界の本質だと指摘したわけです。具体的に、ホッブズは次のようにその状態を記述しています。

土地の耕作も、航海も行なわれず、海路輸入される物資の利用、便利な建物、多くの力を必要とするような物を運搬し移動する道具、地表面にかんする知識、時間の計算、技術、文字、社会、のいずれもない。そして何よりも悪いことに、絶えざる恐怖と、暴力による死の危険がある。そこでは人間の生活は孤独で貧しく、きたならしく、残忍で、しかも短い。

当然ながら、これは誰にとってもハッピーな状態ではありませんね。そこで「私はあなたの所有物には手を出さないと約束しますから、あなたも私の所有物に手を出さないと約束してください」という考え方が出てくることになります。社会の構成員全員でルールを決め、これを約束するという考え方ですね。

ところが、ホッブズはこれだけでは不十分だと考えました。ホッブズによれば「剣なき契約はただの言葉にすぎず、身を守ってくれる力は全くない」ということで、要するに「ルールを破った時のペナルティがなければ、ルールなんかに意味はない」というのがホッブズの考え方だったわけです。

この問題を解決するために、法を犯した人を罰するだけの権力を持つ権威を中央に置く必要があります。その権威が、社会の構成員と契約を結び、ルールを守らないものを厳しく取り締まることに全員が合意する。社会を構成する人々の自由と安全を保障する唯一の方法は、個人の自由と安全を剥奪できる権力を有する巨大な権威を置き、これに社会を統制させることだ、というのがホッブズの主張でした。そしてこの「巨大な権威」を、その巨大さ、不気味さになぞらえて「リバイアサン」と名付けました。

ここで注意しなければならないのが、本書冒頭に記した「プロセスからの学び」と「アウトプットからの学び」を峻別するという点です。ホッブズのアウトプットは、単純にまとめれば「安全な社会をつくるためには国家権力が必要だ」ということです。しかし、この主張だけを知識として学んでも大きな知的果実は得られません。例えば、まとまりのない組織が仮にあったとして、権力を集中させることで安定を取り戻させようと考える人にとって、「安全な社会をつくるためには大きな権力を持つ権威が必要だ」というホッブズの主張は、強い説得材料になると考えてしまうかも知れません。しかし、このような文脈でホッブズの主張を取り上げるというのは、本来のホッブズの意思でもありませんし、考察の援用という点でも誤っています。

重要なのは、ホッブズが、なぜこのような主張＝アウトプットに至ったかという、思考のプロセスを踏まえることです。

しかして、その思考プロセスとはどのようなものであったか。これはいみじくもホッブズ自身の指摘によって明らかにされています。ホッブズは、極めて慎重に、次のように指摘しています。すなわち、

人々が外敵の侵入から、あるいは相互の権利侵害から身を守り、そしてみずからの労働と大地から得る収穫によって、自分自身を養い、快適な生活を送ってゆくことを可能にするのは、この公共的な権力である。この権力を確立する唯一の道は、すべての人の意志を多数決によって一つの意志に結集できるよう、一個人あるいは合議体に、かれらの持つあらゆる力と強さとを譲り渡してしまうことである。

つまりホッブズは、「国家が必要だ」ということを無条件に主張しているのではない、ということです。ホッブズは、いくつかの人間や社会に関する性質を仮定すると、必然的にある結

論が得られる、と言っているだけなんです。

そしてこのホッブズの主張は、さらに私たちに一つの問いを投げかけることになります。それは「巨大権力に支配された秩序ある社会」と「自由だが無秩序な社会」のどちらが、人々にとって望ましいのか？　という問題です。もちろん、ホッブズ自身の答えは前者でした。なぜホッブズがそのように考えたのか、忘れてはならないのは、ホッブズが、血で血を洗うピューリタン革命の真っ只中で人生を送ったということです。神から国を統治する権利を与えられたと考えられていた国王は処刑され、社会は騒乱状態に陥り、ホッブズが個人的に親しくしていた人の多くも、騒乱の中で過酷な人生を送りました。一時的な平和は軍事的な独裁によってかろうじて保たれていた時期だったのです。このような期間に人生を送ったホッブズが「自由ある無秩序よりも、独裁による秩序」を望んだのも無理のないことかも知れません。

27 一般意志

――グーグルは、民主主義の装置となりえるか？

ジャン・ジャック・ルソー（1712―1778）

当時のジュネーヴ共和国に生まれ、主にフランスで活躍した哲学者、政治哲学者、作曲家。公証人見習いや彫金師、家庭教師、作曲家などの職業を転々とした後、徐々に散文家としての名声を獲得した。ちなみに彼のオペラ作品はルイ15世の前で上演されており、作曲家としてもそれなりに成功していたと言える。日本でもよく知られる「むすんでひらいて」はルソーの作品である。

組織における集合的な意思決定の仕組みの可能性について、初めて本格的に論じたのがルソーでした。彼は、著書『社会契約論』の中で、市民全体の意志を「一般意志」という概念で定義し、代議制にも政党政治にもよらない「一般意志に基づいた統治」こそが理想であるという考えを提唱しました。ルソーの説いた一般意志は非常に奇妙な概念で、多くの後世の社会学者や思想家を困惑させているのですが、現在の水準まで発達したデジタルテクノロジーとネットワークを活用すれば、これが可能になるかも知れない、と指摘しているのが思想家の東浩紀です。少し長くなりますが抜粋しましょう。

民主主義は熟議を前提とする。しかし日本人は熟議が下手だと言われる。AとBの異なる意見を対立させ討議のはてに第三のCの立場に集約する、弁証法的な合意形成が苦手だと言われる。だから日本では二大政党制もなにもかもが機能しない、民度が低い国だと言われる。けれども、かわりに日本人は「空気を読む」ことに長けている。そして情報技術の扱いにも長けている。それならば、わたしたちはもはや、自分たちに向かない熟議の理想を追い求めるのをやめて、むしろ「空気」を技術的に可視化し、合意形成の基礎に据えるような新しい民主主義を構想したほうがいいのではないか。そして、もしその構想への道すじがルソーによって二世紀半前に引かれていたのだとしたら、そのとき日本は、民主主義が定着しない未熟な国どころか、逆に、民主主義の理念の起源に戻り、あらためてその新しい実装を開発した先駆的な国家として世界から尊敬され注目されることになるのではないか。

民主主義後進国から民主主義先進国への一発逆転。

東浩紀『一般意志2・0　ルソー、フロイト、グーグル』

初めてこの提言に接した時には、とても興奮したことをよく覚えています。ヘーゲルの「弁証法」の項で詳しく説明しますが、歴史が螺旋状に発展する、つまり「回帰」と「進化」が同時に起こる、というのであれば、ＩＣＴの力によって古代ギリシアの直接民主制を、より洗練された形で復活させることができるかも知れません。これは確かに熟議の下手な日本人にとっては明るいビジョンです。しかし、地に足をつけて考えてみれば、このビジョンには大きなボトルネックがあることに気がつきます。それは「誰が一般意志を汲み取るシステムを作り、運営するのか」という問題です。

東浩紀は、集合知を不特定多数から吸い上げる技術の成功事例としてグーグルを挙げており、同様の仕組みを拡張させて社会運営における意思決定に活用できるのではないかという論旨を述べているのですが、グーグルはその秘密主義で悪名高く、検索結果を導出するアルゴリズムはブラックボックスになっていてごく一部の関係者しかアクセスできません。つまり、グーグルが依拠している民主主義（と彼らが呼ぶもの）は、一部のごく限られた人にしか関与できないアルゴリズムとシステム、つまりテクノクラートによって運営されているわけで、本質的なパラドクスを含んでいるのです。

市民全員の一般意志を吸い上げるためのシステムとアルゴリズムがごく一部の人によって制御されるのであれば、そのシステムから出力される一般意志が本当に市民のそれを代弁するものであるかどうかは誰にも保証できないでしょう。むしろ、そのような「極端な情報の非対称性」を孕んだシステムが絶対的な力を持てば、ジョージ・オーウェルが『１９８４年』で描いたビッグブラザーと同様の「絶対権力」に堕する可能性もあります。実際にルソーは「一般意志が個人に死を命じれば個人はそれに従わねばならない」とまで述べており、「偉大なるコモンセンスの人」バートランド・ラッセルから「ヒトラーはルソーの帰結である」と名指しで攻撃されています。

このラッセルの指摘に対する反論として、「ラッセルはルソーの真意を読み誤っている」という批判を繰り広げている哲学研究者もいるのですが、この批判はポイントを完全に外しているように思います。ルソーの真意などはどうでもいい、重要なのは、ルソーの残したテキストを読んだ独裁者が、一般意志という概念を専横の方便として用いたのだとすれば、それはそれだけで攻撃の対象になり得る、ということです。つまり、「もし誤解なのだとすれば、そもそも誤解されるような書き方をしたお前が悪い」ということです。よく「そのような意図で発言したわけではないが、誤解を招きかねない表現だったことについては謝罪したい」というエクスキューズで逃げを打とうとするオッチョコチョイな代議士がいますが、それと同じことですね。

さて、個人の人格や見識が反映されない集合的な意思決定のシステムには、このような危険性が潜むことは確かでしょう。「膨大な量のデータを集めて解析した結果、あなたが社会から抹殺されることで社会全体が大きな利益を得るという結果が出ました」と当局から通告されるようなことが起こり得るのであれば、このようなシステムに大きな権限を与えることは倫理的に許されないように思えます。

しかし一方で、集合的に情報処理に基づく意思決定が、個人のそれとは比較にならないほど高い品質の意思決定を可能にすることがあるのも、また事実です。ここではそのような事例の一つを紹介しておきます。

1968年、地中海で実施された軍事演習を終えたのちに行方不明になった原子力潜水艦スコーピオンを捜索するに当たり、捜索活動の指揮をとった元海軍士官のジョン・クレーブンは、確率論を応用した手法によって沈没位置を特定するというアプローチを採用しました。クレーブンは、数学者、潜水艦の専門家、海難救助隊などの分野の知識を持った人たちを集め、スコーピオンにどんなトラブルが発生し、その結果、どのようにして沈降し、海底に衝突したかについてのシナリオを作成させた上で、これらの断片的な予測をベイズ確率によって重ね合わせていき、最も濃い点となるポイントを推測沈没地点としました。クレーブンに呼ばれて参加したメンバーの中で、クレーブンが最終的に算出した地点を選んだ者は誰もいませんでした。これはつまり、最終的に描き出された推測沈没地点は、純粋に集合的なものであって、集団の中の「誰か」の予測に収れんしたわけではない、ということです。

果たして、この集合的な推測は極めて正確でした。スコーピオンが消息を絶ってから5ヶ月後、圧壊した潜水艦が海底に確認されますが、これはクレーブンが作成した推測沈没地点からわずか200メートルしかずれていなかったのです。

このエピソードは、集合的な意思決定がうまく機能すると、その集団の中にいる最も賢い人よりもクオリティの高い意思決定が可能になる、ということをよく示しています。

人工知能や通信技術がここまで進んだ状況下において、古代ギリシアで行われていたものと本質的に変わらない民主主義運営の仕組みを、私たちは本当に維持し続けるのか、あるいは進化するテクノロジーを何らかの形で私たちの社会運営に用いるのか。現在の社会運営のやり方に多くの人が限界を感じていることは事実ですが、だからといって、プロセスのブラックボックス化を招きかねない一般意志による運営には大きなリスクも含まれています。この間のどこに落としどころを作っていくのかは、21世紀を生きる私たちに向けられた最も大きな問いの一つだと思います。

28 神の見えざる手

──「最適な解」よりも「満足できる解」を求めよ

アダム・スミス（1723─1790）

イギリスの哲学者、倫理学者、経済学者。スコットランド生まれ。主著に倫理学書『道徳感情論』（1759年）と経済学書『国富論』（1776年）がある。今日、批判的文脈で語られる「市場原理主義」の開祖のように思われている節があるが、アダム・スミス自身は市場原理の乱用によって道徳や人間性がないがしろになる可能性があることを懸念し、『国富論』の中で注意を喚起している。スミスはむしろ、市場における交換においては、「他者への共感」が重要であり、市場原理が「健全に」成立するためには、基盤としての道徳感情の社会的養成が必要だと考えていた。

「神の見えざる手」とは市場による調整機能のことです。ここで市場を「しじょう」と読むか、「いちば」と読むかでニュアンスの手触りが変わってきます。ここでは「いちば」と読んでみてください。

市場で何かを売ろうとするとき、高すぎる価格をつければ買ってもらえず、一方で安すぎる価格をつければ継続的に供給できないため、いずれも市場からは消えることになります。市場で商いを続けるためには、適正な価格で販売しなければなりません。つまり、市場には「高すぎる価格」や「低すぎる価格」を調整させる圧力が働くわけです。ではこの調整させる圧力は誰がかけるのか？　実際には市場というシステムがかけるわけですが、アダム・スミスはこれを「神の見えざる手」と名付けたわけです。この「神の見えざる手」によって価格が調整されることで、市場全体としての取引量は中長期的に最大化されることになります。

さて、皆さんもご存じの通り、このメカニズムは今日では「市場原理」として、よく知られています。何をいまさら……と思われるかもしれませんが、本書であらためてこの市場原理、つまりアダム・スミスが示した「神の見えざる手」というコンセプトを取り上げたのは、このメカニズムが、価格調整以上の広い領域に適用できる概念だと考えているからです。どういうことか？　平たく言えば、「神の見えざる手」は、最適解を得るための最も有効なヒューリスティックだということです。

先ほど、市場における価格決定のメカニズムを説明しました。この時、価格は非予定調和的に決定されます。これは、いわゆる経営学の考え方とは全く異なることに気づいたでしょうか。経営学、中でもマーケティングでは、最適な価格を決定するために様々な分析ロジックを用います。これはつまり、マーケティングを行う主体者の理知的な考察の結果として、最適な価格を決定するという前提に立っているわけです。一方で、スミスの提唱する「神の見えざる手」には、そのような理知的考察のプロセスは内包されていません。最適な価格は、ランダムに様々な価格が市場において提案され、そのうち、妥当性のない価格は、進化論で言う自然淘汰のプロセスによって排除され、やがて最も妥当と市場で認められた価格に落ち着きます。最終的に落ち着いた価格が理論的に最適＝オプティマルなものであるかどうかは誰にもわかりません。ただし、その価格で実際に売れており、利益も出ているのであれば、それはそれでいいじゃないかというプラグマティックな解、つまりヒューリスティックだということです。

経営学では、基本的に経営を執行する主体者の理知的な考察によって、できる限り最適に近い解を出そうという態度を前提としています。しかし、そのようにして提案された価格と、市場における自然淘汰を経て落ち着いた価格のどちらに妥当性があるかを考えてみれば、答えは明らかに後者なわけです。つまり、「神の見えざる手」というのは、ヒューリスティックな解を生み出す一種の知的システムとして考えることができる。このシステムを、市場における価格決定にだけ用いているのは勿体ない。

この「神の見えざる手」というヒューリスティックな知的システムを実務に活用した例を一つ挙げましょう。さるクライアントから、郊外の大規模な研究施設のレイアウトについて相談されたことがあります。その相談とは以下のようなものでした。この研究所の広大な中庭には芝生が植えられ、その周囲に講堂や寮など四つの建物が建てられました。問題は、芝生をなるべく残すようにしながら、この四つの建物を結ぶ歩道を敷設したいと考えた場合、どのような情報を集めて、どう処理すると利便性と芝生の量のバランスの最適化をはかれるでしょうか？

この場合、オプティマルな解決を目指すのであれば、調査を実施して四つの建物間の交通需要量を調べた上で、一定量以上の交通量があるルートについては歩道を敷設する、つまり数学で言うグラフ理論を用いるアプローチが順当で、実際にクライアントが考えていたのも同様のアプローチでした。

しかし、私はこのやり方は大げさなわりに大した答えの出ない、いわゆる「スジの悪いアプローチ」だと感じました。実際の交通パターンはそこに生活してみなければ予測できませんし、交通需要量には季節性があるから、正確に測定するには一年間の調査期間が必要になります。確かに、オプティマルな解は得られるかも知れません。しかし「まあまあ満足できる」というレベルの解を、手間をかけずに得られないものかしら、と。

この時はけっきょく、オプティマルなアプローチを捨てて、ヒューリスティックなアプローチを採用することを提案しました。その提案とは、芝生を敷き、四つの建物を建てたあとで一年ほどそのままにしておくというものです。すると何が起こるか。そう、人の移動パターンに応じて芝生が少しずつはがれていきますから、芝生がたくさんはがれたところは人の交通量が多いルートだと判断して、その部分だけ歩道を敷設すればいい、と提案したわけです。

考えられる敷設ルートは無数にあるわけですが、これを敷設者の理知的な考察によって判断するというアプローチを捨て、この敷設ルートのどこに人がたくさん集まるかを、市場の選択に委ねたわけです。浮かび上がった道路のパターンは論理的に説明できる最適解ではないかも知れませんが、多くの人にとってまあ満足のいくものであろうことは想定されます。

主体的に最適解を求めるための技術である論理思考が猛威を振るう現代において、「何が正解かはよくわからない、成り行きに決めてもらおう」と考えるのは、思考の放棄ではないかと思われるかも知れません。経営管理に携わるという立場であれば、徹頭徹尾自分の頭で考えるという態度を、美徳と考えこそすれ、愚行と考える人はいないはずです。しかし、全ての最適解を自分で導出できる、と考えるのは知的傲慢と言えます。アダム・スミスは、そのような知的態度を持つ人物たちを、別の著書『道徳感情論』の中で「秩序体系を奉じる人間」と名付けて、徹底的にコキおろしています。

秩序体系《マン・オヴ・システム》を奉じる人間は、自分自身がとても賢明であるとうぬぼれることが多く、統治に関する彼独自の理想的な計画がもっている想像上の美しさに心を奪われることがしばしばあるため、どの部分であろうとおかまいなく、それからのごくわずかな逸脱にも我慢できない。彼は、最大の利益とか、それと矛盾しかねない最大の偏見についてはまったく考慮せず、理想的な計画を、完全にしかも事細かに規定しつづける。彼は、まるで競技者がチェス盤のうえでさまざまな駒を配列するかのように、大きな社会のさまざまな構成員を管理できる、と想像しているように思われる。チェス盤の上の駒は、競技者がそれぞれに付与するもの以外に動き方の原則《プリンシプル》をもたないが、人間社会という大きなチェス盤の場合、それぞれの駒のすべてが、それ自身の動き方の原則——立法府が個人に付与するように決めかねないものとは、まったく異なる——をもっているなどと、彼は考えてもみないのである。

読者の中には、スミスによるこの記述を読んで、社会主義を夢想したかつての共産圏のエリートを想像した方もいるかも知れません。最近では、本書でも取り上げているナシーム・ニコラス・タレブが、著書『反脆弱性』の中で、同様な知的態度を「ソビエト＝ハーバード幻想」と名付け、因果関係を明晰に把握できることを前提とする科学的でトップダウンの思考法を「システムを脆弱にさせる」としてバッサリと切り捨てています。

モノゴトの関連性がますます複雑になり、かつ変化のダイナミクスが強まっている現在のような社会においては、理知的なトップダウン思考によって最適な解に到達することができると考えるのは知的傲慢を通り越して滑稽ですらあります。最適な解をオプティマルなアプローチによっていたずらに求めようとせず、「満足できる解」をヒューリスティックによって求めるという柔軟性も求められているのではないでしょうか。

29 自然淘汰

——適応力の差は突然変異によって偶発的に生み出される

チャールズ・ダーウィン（1809—1882）

イギリスの自然科学者・地質学者。全ての生物種が共通の祖先から長い時間をかけて、彼自身が自然淘汰と名付けたプロセスを経て進化したとする仮説＝進化論を提唱した。その功績から今日では一般的に生物学者と見なされることが多いが、自身は存命中に地質学者を名乗っており、現代の学界でも地質学者であるという認識が確立している。

哲学のキーワードとしてダーウィンの「自然淘汰」というコンセプトが紹介されるのは奇異に思えるかも知れません。というのも、ダーウィンの本業は地質学者であり、生涯にわたって、自分自身も地質学者だと名乗っていたからです。しかし、それを差し置いたとしても、ダーウィンが提唱した自然淘汰というコンセプトは、世界や社会の成立や変化を理解するのにとても有用な概念だと思い、取り上げることにしました。

自然淘汰は、進化を説明する唯一の言葉として一人歩きしている感がありますが、ダーウィンが提唱したのは次の三つの要因です。

①生物の個体には、同じ種に属していても、様々な変異が見られる。(突然変異)
②そのような変異の中には、親から子へ伝えられるものがある。(遺伝)
③変異の中には、自身の生存や繁殖に有利な差を与えるものがある。(自然選択)

実を言うと、私自身は長いこと、この「自然淘汰」というコンセプトに違和感を抱えていました。理由は実に感覚的なもので、例えば木の葉にそっくりの昆虫やどう見ても砂にしか見えないような保護色をまとったトカゲなどを見て、これが意図的ではなく(つまり偶然に)獲得された形質である、ということをどうしても信じられなかったんですね。

これはつまり、前述した三つの要因の三つ目が単独に起こると考えていたわけです。しかし実際にダーウィンが考えたのはそういうことではない。ポイントはむしろ「自然選択」よりも「突然変異」にあります。突然変異によって獲得される形質は、当たり前のことですが、予定調和しません。変異の方向性は極めて多様で、確率的には生存や繁殖に有利な差を与えるものと、不利な差を与えるものが、中央値を挟んで正規分布していたはずです。

おそらく、これまでの歴史を振り返れば、突然変異によってオレンジ色のトカゲもグリーンのトカゲも生まれてきたはずです。しかし、そういった形質はむしろ、自身の生存や繁殖に不利な差となります。砂漠地帯において、オレンジやグリーンという色は大変目立つわけですから、天敵に狙われやすい。そのような形質を突然変異によって獲得してしまった個体は、天敵に捕食される確率が相対的に高く、結果としてその形質は次世代へと遺伝されません。

どのような形質がより有利なのかを事前に知ることはできません。自然淘汰という仕組みは、いわばサイコロを振るようにして起きた様々な形質の突然変異のうち、「たまたま」より有利な形質を持った個体が、遺伝によってその形質を次世代に残し、より不利な形質を持った個体は淘汰されていくという、膨大な時間を必要とする過程だということです。

一般に生物の繁殖力は環境収容力（生存可能数の上限）を超えるため、同じ生物種内で生存競争が起き、生存と繁殖に有利な個体はその性質を多くの子孫に伝え、不利な性質を持った個体の子供は少なくなります。このように、個体の持つ環境への適応力に応じて一種の「篩い分け」が行われる、というのが自然淘汰というメカニズムです。

さて、このコンセプトは、現代を生きる私たちにとって、どんな示唆を与えてくれるでしょうか。環境により適合したものが生き残るという自然淘汰のメカニズムにおいて、最大の鍵になるのは「適応力の差は突然変異によって偶発的に生み出される」という点でしょう。突然変異という非予定調和的な変化が、適応力の差を生み出すということはなかなか示唆深い。というのも、この考え方は一種のエラーを起こすことを前提にしているからです。

私たちは一般に、エラーというものをネガティブなものとして排除しようとします。しかし、自然淘汰のメカニズムには「エラー」が必須の要素として組み込まれている。なんらかのポジティブなエラーが発生することによって、システムのパフォーマンスが向上するからです。同様のメカニズムが働いている事例としてアリ塚を取り上げてみましょう。

アリ塚では、働きアリの一匹が巣の外でエサを見つけると、フェロモンを出しながら巣まで帰って仲間の助けを呼び、他のアリは地面につけられたフェロモンをトレースすることでエサまでのルートを知り、巣まで手分けしてエサを運搬する、ということが行われています。したがって、巣のメンバーにとってエサの獲得効率を最大化させる鍵は、フェロモンをどれくらい正確にトレースできるかという点にあるように思われるわけですが、これが実はそうではないらしい。

広島大学の西森拓博士の研究グループは、このフェロモンを追尾する能力の正確さと、一定の時間内にコロニーに持ち帰られるエサ量の関係を、コンピューターシミュレーションを使って分析するという興味深い研究を行っています。六角形を多数つないだ平面空間を、エサを見つけると仲間をフェロモンで動員するアリAが移動していると設定し、Aを追尾する他の働きアリには、Aのフェロモンを100％間違いなく追尾できるマジメアリと、一定の確率で左右どちらかのコマに間違えて進んでしまうマヌケアリをある割合で混ぜ、マヌケアリの混合率の違いによってエサの持ち帰り効率がどう変化するかを調べました。

するとどうしたことか、完全にAを追尾する優秀アリだけのコロニーよりも、間違えたり寄り道したりするマヌケアリがある程度存在する場合の方が、エサの持ち帰り効率は中長期的には高まることがわかりました。これはどういうことなのでしょうか？　つまり、アリAが最初につけたフェロモンのルートが、必ずしも最短ルートでなかった場合、マヌケアリが適度（？）に寄り道したり道を間違えたりする、つまりエラーを起こすことで、思わぬ形で最短ルートが発見され、他のアリもその最短ルートを使うようになり、結果的に「短期的な非効率」が「中長期的な高効率」につながる、ということです。

これら自然界のそこかしこに見られる「偶発的なエラーによって進化が駆動される」という現象は、私たちの社会にも大きな示唆を与えてくれるように思います。

例えば「わが社のＤＮＡ」といった言い方がされることがあります。突然変異というのは、まさにこの「わが社のＤＮＡ」が、それを正確に次世代に手渡していく意図を持ちながらも、ある種の過失としてミスコピーされることで生まれるわけです。自然界において、適応能力の差分は計画や意図によるものではなく、一種の偶然によって生まれているのだということを知れば、組織運営や社会運営においても、私たちはそれを計画的・意図的により良いものに変えていけるのだという傲慢な考えを改め、自分の意図よりもむしろ「ポジティブな偶然」を生み出す仕組みを作ることに注力した方がいいのかも知れません。

30 アノミー

──「働き方改革」の先にある恐ろしい未来

エミール・デュルケーム（1858─1917）
フランスの社会学者。カール・マルクスおよびマックス・ヴェーバーと並んで、学問分野としての社会科学の創立に大きな貢献を果たした。

複数の会社に同時に勤める、短期のあいだに会社を移る、そもそも会社に所属せず、個人として様々なプロジェクトに関わる……という働き方が、さも「クール」なことのようにポジティブに語られる昨今ですが、このような働き方がスタンダードになった社会、いわば「ポスト働き方改革」が成立した後の社会には、どのような懸念があるのでしょうか。筆者自身は、最大のリスクは社会のアノミー化であると考えています。アノミーは、もともとはフランスの社会学者エミール・デュルケームが提唱した概念です。通常は無規範・無規則と訳されることが多いのですが、それはむしろアノミーがもたらす結果であって、オリジナルの文脈を尊重すればむしろ「無連帯」と訳すべきでしょう。

デュルケームは『社会分業論』と『自殺論』の主著二冊において、アノミーについて言及しています。

まず『社会分業論』では、分業が過度に進展する近代社会では機能を統合する相互作用の営みが欠如し、共通の規範が育たないと指摘しています。この指摘は私たちにはとても共感できるものではないでしょうか。今日、先進国の多くでは格差が問題になっていますが、この格差はそのままほぼイコール「職業間格差」と言ってもいい。億単位の報酬すら珍しくない外資系金融の世界と、彼らが単なる「商品」として扱っている外食産業や建設産業の世界では、共通の規範が成立するとは考えにくい。

次に『自殺論』において、デュルケームは自殺を次の三タイプに分類し、「アノミー的自殺」が増加すると予言しています。

・利他的自殺（集団本位的自殺）
集団の価値体系に絶対的な服従を強いられる社会、あるいは諸個人が価値体系・規範へ自発的かつ積極的に服従しようとする社会に見られる自殺。

・利己的自殺（自己本位的自殺）
過度の孤独感や焦燥感などにより個人と集団との結びつきが弱まることによって起こる自殺

の形態。個人主義の拡大に伴って増大してきたものとしている。
・アノミー的自殺
集団・社会の規範が緩み、より多くの自由が獲得された結果、膨れ上がる自分の欲望を果てしなく追求し続け、実現できないことに幻滅し虚無感を抱くことで起きる自殺。

デュルケームが言っているのは、要するに「社会の規制や規則が緩んでも、個人は必ずしも自由にならず、かえって不安定な状況に陥る。規制や規則が緩むことは、必ずしも社会にとってよいことではない」ということです。アノミー状況に国が陥ると、各個人は組織や家庭への連帯感を失い、孤独感に苛まれながら社会を漂流するようになります。「ポスト働き方改革」の絵としては随分とうら寂しいですね。

日本では戦後、天皇を中心とした国体という大きな物語を喪失しますが、昭和30年代までは村落共同体が、その後は左翼活動と会社がアノミーの防波堤として機能しました。擬似的な規範を形成して個人間の紐帯を形成することで一定規模の集団社会の凝集性を維持したわけです。ところが、ここ20年ほどでその凝集性は少しずつ弱まってきています。社会主義国の相次ぐ破綻で共産主義はイデオロギーとしてもはや大きな物語を支えられなくなり、また同様に「いい大学に入っていい会社に入って一生懸命働けば一生幸せに暮らせる」という物語も崩壊してしまった以上、会社にアノミー防止の役割を期待するのももはや難しいでしょう。

事実、現在の日本ではアノミー化の進行を示唆する様々な現象が見られます。アノミーとは即ち無連帯である、と指摘しましたが、少し前に流行した宮台真司の「無縁社会」という言葉はまさしくアノミー状態に社会が陥りつつあることを示唆しています。また日本では90年代以降、自殺率が高い水準で推移していますが、これもまさにデュルケームが指摘したことです。カルト教団への若者の傾斜も90年代以降顕著になった現象ですが、これもアノミー化の進行に対する若年層の無意識的な反射と考えることもできます。

会社の解体、家族の解体が進んだ場合、社会のアノミー化を防ぐには何が鍵になるのでしょうか？　鍵は三つあるように思います。

一つは家族の復権です。日本の離婚率は戦後から１９６０年代にかけて緩やかに低下した後は、ほぼ一貫して高まっていて高原状態のまま推移していますが、今後この状況が変わる可能性を示唆する現象がいくつか見られます。例えばアメリカでも日本でも結婚年齢が早まる傾向が現れていて、これは「家族回帰」の一つの証左であると考える向きもあります。また、例えばアメリカでの分析では、１９８０～90年代にリストラの嵐が吹き荒れた際、親がレイオフされるのを子供の立場から見ていた現在の20～30代は「会社はいずれ裏切る、結局頼れるのは家族しかない」と考え、家族を大事にする傾向が他の世代より強いことが統計で明らかになっています。日本においても、いわゆるマイルドヤンキーに代表されるような、「家族とその友人」という狭い範囲の人的社会資本を重視する層が増えているというのも、そのような流れと考えることができますが、都市部にはこのような動きと逆行する、いわば「家族の崩壊」とでも言えるようなトレンドもあり、両極端な流れが存在するように見えます。

二つ目に期待したいのがソーシャルメディアです。楽天的でナイーブだと糾弾されそうですが、仮に会社や家族の解体が不可逆的な流れなのだとすれば、それに変わる新しい構造を社会は必要とします。哲学者のフリードリッヒ・テンブルクは「社会全体を覆う構造が解体されると、その下の段階にある構造単位の自立性が高まる」と言っていますが、もし仮にそうなのであれば、会社や家族という構造の解体に対応して、いわば歴史の必然として、新しい社会の紐帯を形成する構造が求められる。希望的観測ですが、ソーシャルメディアがもしかしたらその役目を果たすことになるのかも知れません。

三つ目が、会社という「タテ型コミュニティ」に代替される「ヨコ型コミュニティ」です。これを歴史的な言葉で言えば「ギルド」の復活ということになります。社会人類学者の中根千枝が『タテ型社会の構造』で示した通り、戦後から平成にかけての日本では、「会社」というタテ型構造のコミュニティが、多くの人にとってもっとも重要なコミュニティでした。しかし、先述した通り、会社の寿命は短命化が顕著であり、経済情勢の要請から、そのコミュニティによって排除される人が多数出てくるであろうことが予見される中、この「タテ型構造社会」が今後も継続するとは考えられません。ではどうするか？　一つには「会社」という枠から「職業」という枠へのコミュニティの転換を図るということが考えられます。これは別に珍しいことでもなんでもない、ヨーロッパでは会社別の労組よりも職業別の労組の方がスタンダードですから、そういう意味では「ヨコ型のコミュニティ」がギルドとしてちゃんと機能する社会になっています。日本で就職というと「ある企業に入社する」という概念でほぼ用いられていますが、本来「就職」というのは「職に就く」わけであって「社に就く」わけではありません。ある共通の仕事をするグループに所属することで、その集団内に自分の居場所を作っていく、ということです。

いずれにせよ、重要なのは会社という「タテ型構造のコミュニティ」が、自分にとってもはや安全なコミュニティではありえない、ということを認識した上で、自律的に自分が所属するコミュニティを作っていくのだ、という意思を持つことだと思います。家族もソーシャルネットワークも職業別のギルドも、それを作り上げる、あるいは参加してメンテナンスするという意思がなければ成立し得ません。そうすることでしか自らがアノミーの状態に陥ることを防ぐことはできない時代に来ているのではないでしょうか。

31 贈与

——「能力を提供し、給与をもらう」ではない関係性を作ろう

マルセル・モース（1872—1950）

フランスの社会学者、文化人類学者。ロレーヌ出身で、エミール・デュルケームの甥に当たる。デュルケームを踏襲し、「原始的な民族」とされる人々の宗教社会学、知識社会学の研究を行った。

西欧において本格的に「贈与」の問題を取り上げた、おそらく最初の人は文化人類学者のマルセル・モースでした。モースはポリネシアを広く踏査して、彼らの経済活動が西欧的な「等価交換」ではなく「贈与」の感性によって駆動されていることを発見し、それを西欧社会に紹介しました。

現在を生きる私たちが「贈与」と聞けば、そこで「贈られるもの」は、商品券やらお歳暮やら、いずれにせよ何らかの経済的な価値、あるいは有用性があるものだろうと考えるでしょう。しかし、モースによれば、ポリネシアの人々が「贈与」しているのは、まったくそういうものではなく、例えばポリネシアではタオンガ（宝物）を、メラネシアではクラという貝殻や花で

飾られたちょっとした器物を贈り合っている。このタオンガやクラを交換するためだけに、各部族は命がけで荒海にカヌーを漕ぎ出し、そのために死ぬこともしばしばあったらしい。なんでそんなものを交換するためにわざわざ、と思うかも知れませんが、逆の視点を持てば私たちも同じだということがすぐにわかります。彼らからすれば、私たち日本人は「日本銀行券」と書かれた紙っぺらを交換するために心身を耗弱させ、場合によってはそのために人を殺しさえしているわけですから「クダラナイものを命がけで交換している」という感想はお互い様でしょう。

モースによれば、ポリネシアの人々が行っている「贈与」は、現在の私たちが「贈与」という言葉から感じるニュアンスとは随分と異なります。どこが違うかというと「贈与は義務」という点なんですね。モースによれば、贈与には三つの義務がありました。それは

①贈与する義務＝贈らないことは礼儀に反し、メンツは丸つぶれになる
②受け取る義務＝たとえ「ありがた迷惑」と思っても拒否してはいけない
③返礼する義務＝お返しは絶対に必要

なんですね。これを所与のアルゴリズムとしてシステムに与えれば交換は永遠に続くことに

なります。つまり、この三つのルールが義務化されたのは交換活動、つまり私たちの言葉でいう経済活動＝GDPを縮小させないための、レヴィ＝ストロース的に言えば「野生の思考」だったということなんでしょう。

今日、人の経済活動の価値を計量する枠組みは大きく二つあります。一つ目が、モノゴトの価値は「投入された労働量で決まる」と考える労働価値説です。もともと労働価値説を打ち出したのは古典派経済学でしたが、この考え方はマルクス経済学にも受け継がれ、思想体系の基盤となりました。二つ目が、モノゴトの価値は「効用の大きさで決まる」と考える効用価値説です。労働価値説を唱えた古典派経済学に対して、効用価値説を唱えた経済学者たちは新古典派と整理されます。効用とは、英語でいうユーティリティ（Utility）のことです。アダム・スミスに影響を与えたジェレミー・ベンサムの功利主義は英語でユーティリタリアニズム（Utilitarianism）と言いますよね。日本語にすると「効用」という生硬な言葉になってしまいますが「使い勝手」というニュアンスが近いかも知れません。『イノベーションのジレンマ』で知られるハーバード大のクレイトン・クリステンセンは近著『ジョブ理論　なぜあの商品は売れなかったのか？』の中で、「人々は商品を購入しているのではなく、なんらかの問題を解決するために商品を雇っている」と指摘していますが、別になんということはなく、これも効用価値説と考えればわかりやすい。

さてこのように、モノゴトの価値を説明する枠組みは「労働価値説」と「効用価値説」の二つがあるわけですが、この枠組みでは「贈与」という行為をうまく説明することができません。ここに経済学の限界があって、つまり交換のもっとも根源的な形態である「贈与」をうまく取り込めていないわけです。経済学の定番教科書であるマンキューやクルーグマンの『ミクロ経済学』でも、贈与の問題についてはほとんど触れられていません。

モースが問題としたのもこの点です。モースはなぜ、わざわざ「贈与」を問題にしたのかというと、それは、近代以降のヨーロッパ社会が、贈与という慣習を失ってしまったために、経済システムから人間性が失われてしまった、ということを批判するためだったんですね。モースはこの『贈与論』を通じて、贈与と給付の体系が人間社会の「岩盤」であること、近代以降の貨幣経済が「道徳的に」歪んだものであることを示した上で、貨幣経済から贈与経済への移行を提案するという、とても大胆なことを目論んでいたようです。

モースの問題意識は未だに解決されていません。労働価値説にせよ、効用価値説にせよ、モノゴトの価値が適正に決まるのであれば、リーマンショックなど起きるわけがありません。モノゴトの価値が不当に高く見積もられる、あるいは逆に不当に低く見積もられることで、社会に様々な問題が起きているわけです。

近代以前において「贈与」が交換の基本形態だったというモースの指摘には、様々な批判があります。モースが調査したのは南太平洋のごく少数の部族ですから、その調査結果をもとにして「人類全体の起源」について断定的な結論を出すのは、ちょっと学術論文としてはありえないほどに脇が甘いというか、とにかく突っ込みどころ満載の論文なんですね。なので、ここでは「仮にもしそうなのだとすれば」という考えをもとにして考察を重ねてみましょう。

モースの言う通り、もし「贈与」が交換の基本モードなのだとすれば、それが復古してくることでどのような可能性が見えてくるのか。

現在、私をふくめてほとんどの人は、自分の能力や感性を会社に対して提供し、会社からその対価として給与をもらうという、一対一の等価交換の構図で経済活動を行っています。私たちはこの「一対一の関係性」というものを所与として、仕事はそういうものだ、と疑いも持たずにいるわけですが、考えてみればこういう構造が普遍性を持つようになったのはこのたった100年くらいのことです。資本主義の台頭とともに株式会社という「富を創造するプラットフォーム」が形成された結果、労働力の取引コストを社会的に低めるために、この「一対一の関係性」が形成され、それは多くの人にとって疑いようのない「当たり前」となりました。

しかし、ネットがこれだけ普及して、能力とニーズをヒモ付ける社会的なコストが劇的に下がった時代においては、この「一対一の関係性」は、本当に守り抜いていくべき価値のあるものなのでしょうか。

例えば、自分の能力や感性に希少性を感じてくれる人がいれば、その人たちに値札もつけずに「贈与」し、いくばくかのお礼をもらうことで生きていく、ということは考えられないのか。例えば、「この人にこれからもずっと音楽を作ってもらいたい」というファンが１０００人いる音楽家であれば、そのファンから月に１０００円のカンパをもらうことで十分に生きていくことができるでしょう。そして、そのような「贈与」と「感謝」の交換に基づいた関係性は、とても健全な充実感、自己効力感を贈与した人に与えてくれるでしょう。そう考えるととてもワクワクします。

32 第二の性

——性差別はとても根深く、血の中、骨の中に溶け込んでいる

シモーヌ・ド・ボーヴォワール（1908—1986）
フランスの作家、哲学者。サルトルの事実上の妻。サルトルの実存主義に加担するとともに、フェミニズムの立場から女性の解放を求めて闘った。

ボーヴォワールという人は、今で言うフェミニストの走りで、社会的な圧力によって押し込められる女性の可能性の解放を激烈に謳った人です。ボーヴォワールはもちろん、事実上のサルトルの奥さんだった人ですが、二人はお互いに自由に愛人を持つことを許し合い、場合によっては恋人を共有するということまでしている（サルトルの愛人がボーヴォワールの同性愛の相手だった）ので、夕食の準備をしているボーヴォワールの横でサルトルがナイター中継を見ている、といった「普通の夫婦像」には納まりません。テーマは異なれど、二人とも「抑圧」や「拘束」というものに抗っていたという点では共通していますから、おそらく同志のように感じていたのではないでしょうか。

ボーヴォワールは主著『第二の性』の冒頭において、有名な「On ne naît pas femme, on le devient＝人は女に生まれるのではない、女になるのだ」と述べています。この言葉は、アフォリズムとしても簡潔でわかりやすいこともあって、20世紀後半には様々な場所で人口に膾炙することになりました。つまりボーヴォワールは「生物学的な女性」と「社会的な女性」とを整理した上で、生まれつきの女などいない、みな社会的な要請の結果として「女らしさ」を獲得させられるのだ、と指摘しています。

さて、この指摘は、ボーヴォワールが生まれ、人生を送った当時のフランスの状況を前提にしているわけですが、「女性らしさを獲得せよという圧力」が時代や社会において、どう変わるのかということを考えてみると興味深い。というのも、ある研究結果によると、我が国は世界中でもっとも「女は女らしくしていろ」という圧力が強く働く文化を持っている、という結果が出ているからです。

この点を考察するに当たって、本書の別項においても取り上げているオランダの社会心理学者、ヘールト・ホフステードが提唱した「男性らしさ対女性らしさ」を取り上げてみましょう。

あらためて確認すれば、ホフステードはＩＢＭからの依頼を受け、各国の文化的差異を次の六つの次元に整理しました。

① Power distance index（PDI）上下関係の強さ
② Individualism（IDV）個人主義的傾向の強さ
③ Uncertainty avoidance index（UAI）不確実性回避傾向の強さ
④ Masculinity（MAS）男らしさ（女らしさ）を求める傾向の強さ
⑤ Long-term orientation（LTO）長期的視野傾向の強さ
⑥ Indulgence versus restraint（IVR）快楽的か禁欲的か

ここで注目したいのは、四番目の「男らしさ（女らしさ）を求める傾向の強さ」です。ホフステード自身は、この指標について次のように説明しています。

まず「男性らしい社会」（ホフステード自身はイギリスを例に挙げています）では、社会生活を行う上で男女の性別役割がはっきりと分かれる傾向が強くなります。また、労働にも明確な区別が生まれ、自分の意見を積極的に主張するような仕事は男性に与えられます。男の子は、学校で良い成績を取り、競争に勝ち、出世することを求められます。

一方「女性らしい社会」（ホフステード自身はフランスを例に挙げています）では、社会生活の上で男女の性別役割が重なり合っていて、論理や成果よりも良好な人間関係や妥協、日常生活の知恵、社会的功績が重視されます。

そして、この「男性らしい社会」のスコアで、日本は残念ながら調査対象となった53カ国中でダントツの1位なんですよね。ちなみに女性進出が世界でもっとも進んでいると言われる北欧諸国はおしなべて低く、例えばスウェーデンは最下位の53位となっています。現在、安倍政権は「女性の活躍」を政策目標に掲げていますが、日本を「女性が働きやすい社会」にするというのは、実は極めて挑戦的な目標なのだ、ということをまずは自覚しておきましょう。

この挑戦的な目標をどのようにして攻略していくのか。ポイントになるのは、社会で実権を握っている男性たちが、自分たちが囚われている社会的性差に関する認識や感性の歪み、いわゆる「ジェンダーバイアス」について、どれくらい自覚的になれるか、という点です。

この時、一番危ないのは「自分はそのようなバイアスからは自由だ」という自己欺瞞に陥ることでしょう。この国の性差別はとても根深く、私たちの眼に見えない形で血の中、骨の中に溶け込んでいます。極論すれば、私はこのバイアスから自由でいる人はいまの日本には一人もいないだろうと思います。

そういえば以前、こんなことがありました。産休で休んでいた女性の昇進について審査していた際、非常に尊敬していたオランダ人の上司が突然立ち上がり、屹然として次のように指摘しました。

日本は文明国だと思っていましたが、今日の皆さんの議論に非常にショックを受けています。このような前時代的で女性差別的な議論が、世界中の弊社オフィスのどこかで行われているとは考えられないし、さらに言えば許されているとも思えない。

このとき、とても印象深かったのは、その場にいた日本人のほとんどが、豆鉄砲を食らった鳩のように「キョトン」としていたことです。つまり「全く悪意もなく、ましてや意図的に差別してやろうという気もなかったにもかかわらず、そのような指摘を受けたのは心外だ」ということです。この点にこそ、この問題の根深さ、難しさがあります。

指摘を受けてバツが悪い思いをするようであればまだいい。「痛いところをつかれた」と思えるのは、そう思えるだけの罪悪感をすでに持っていたということです。しかし、この場合はそうではなく、指摘されてもなお、その場にいた人たちには「自分たちのどこにそのような性差別的な意図を感じたのか？」が、よくわからなかったのです。

会議に参加していたのは外資系コンサルティング会社の役員ですから、基本的には非常にリベラルな価値観を持った集団のはずなのですが、そのような人たちですら、知らず知らずのうちに、「人の昇進を審査する」といったデリケートな局面では、自分たちに染み込んだジェンダーバイアスに絡めとられてしまうのだということが、この経験からよくわかりました。

私たちにまず求められるのは、日本が極めて強いジェンダーバイアスに支配された国であるということ、そしてそのバイアスに我々自身が極めて無自覚であるため、多くの人がそのようなバイアスから自由であると錯覚し、そしてその残酷な無自覚さが、女性の社会進出を妨げる最大の障壁になっているということを心しておくことだ、と私は思っています。

33 パラノとスキゾ

——「どうもヤバそうだ」と思ったらさっさと逃げろ

ジル・ドゥルーズ（1925—1995）

フランスの哲学者。20世紀のフランス現代哲学を代表する哲学者の一人であり、ジャック・デリダなどとともにポスト構造主義の時代を代表する哲学者とされる。

40代後半以上の年代の方は、この「パラノとスキゾ」という用語が、一時期大変流行したことを覚えておられるかも知れません。時はバブル直前の1984年、ドゥルーズとガタリの共著による『アンチ・オイディプス』の中で用いられたこの用語を、浅田彰氏が著書『逃走論』の中で紹介したことがきっかけで、その年の流行語大賞の銅賞にも選ばれました。ポスト構造主義の用語が流行語になるとは、なんともすごい時代だったんだなと思いますねえ。その時の金賞がおしんの「オシンドローム」だったことを知れば、なんだ、そんなに古い用語なのか、と思うかも知れませんが、個人的にはこの「パラノとスキゾ」という枠組みは、現在の日本においてこそ、あらためて含みのある概念だなと思うので、ここに取り上げています。

言うまでもなく、パラノはパラノイア＝偏執型を指し、スキゾはスキゾフレニア＝分裂型を指します。

では「パラノ」は何に偏執するのか。それは「アイデンティティ」ということになります。パラノ型の人は、例えば「○○大学を卒業して、○○商事に務めていて、○○ヒルズに住んでいる自分」という自分のアイデンティティに固執して、このアイデンティティをさらに稠密に彫り込んで芯を出していくように、新しい整合的な特質の獲得に邁進します。人生ではしばしば偶発的な機会や変化が現れることになりますが、これを受け入れるかどうかは、蓄積してきた過去のアイデンティティと整合的かどうかにかかってきます。そういうわけなので、パラノ型の人は、他者からはいわゆる「一貫性のあるわかりやすい人格・人生」ということになります。

ドゥルーズは別の著書『千のプラトー』において、西洋哲学が長らくベースとした、起点をもとにしてツリー型に枝葉を整合的に広げていくような論理構造を一方におき、その対比として起点を持たず、無秩序に拡散していく「根っこ」の概念を持ち出し、これを「リゾーム」と名付けました。この「ツリー」と「リゾーム」という対比構造に、「パラノ」と「スキゾ」を当てはめれば、当然のことながら、「パラノ」は「ツリー」に対応することになります。

では、一方の「スキゾ」は何が「分裂」するのか。こちらもまた「アイデンティティ」ということになります。スキゾ型の人は、固定的なアイデンティティに縛られることがありません。自分の美意識や直感の赴くままに自由に運動し、その時点での判断・行動・発言と過去のアイデンティティや自己イメージとの整合性についてはこだわりません。偶発的に訪れる変化や機会に関して言えば、その時々の直感や嗅覚にしたがって、受け入れられたり受け入れられなかったりするだけで、過去に蓄積したアイデンティティとの整合性は顧みられません。「ツリー」と「リゾーム」という対比で言えば、こちらはリゾームに対応することになります。

ドゥルーズはもともと、数学における微分の概念を応用して「差異」の研究をした哲学者なのですが、この「パラノとスキゾ」という対比を、数学的なニュアンスで表現すれば、「パラノ」は積分、「スキゾ」は微分ということになります。

さて、この「パラノとスキゾ」というコンセプトが、なぜ、いま重要なのか。おそらく、私自身による解説よりも、次に挙げる浅田彰の『逃走論』からの抜粋を読んでいただければ、わかると思います。

さて、もっとも基本的なパラノ型の行動といえば、《住む》ってことだろう。一家をかまえ、そこをセンターとしてテリトリーの拡大を図ると同時に、家財をうずたかく蓄積する。妻を性的に独占し、産ませた子供の尻をたたいて、一家の発展をめざす。このゲームは途中でおりたら負けだ。《やめられない、とまらない》でもって、どうしてもパラノ型になっちゃうワケね。これはビョーキといえばビョーキなんだけど、近代文明というものはまさしくこうしたパラノ・ドライヴによってここまで成長してきたのだった。そしてまた、成長が続いている限りは、楽じゃないといってもそれなりに安定していられる、というワケ。ところが、事態が急変したりすると、パラノ型ってのは弱いんだなァ。ヘタをすると、砦にたてこもって奮戦したあげく玉砕、なんてことにもなりかねない。ここで《住むヒト》にかわって登場するのが《逃げるヒト》なのだ。コイツは何かあったら逃げる。ふみとどまったりせず、とにかく逃げる。そのためには身軽じゃないといけない。家というセンターをもたず、たえずボーダーに身をおく。家財をためこんだり、家長として妻子に君臨したりはしてられないから、そのつどありあわせのもので用を足し、子種も適当にバラまいておいてあとは運まかせ。たよりになるのは、事態の変化をとらえるセンス、偶然に対する勘、それだけだ。とくると、これはまさしくスキゾ型、というワケね。

浅田彰『逃走論　スキゾ・キッズの冒険』

子種云々の話はともかくとして、浅田彰の指摘には二つのポイントがあると思います。

一つは「パラノ型は環境変化に弱い」という指摘です。皆さんもよくご存知の通り、現在、企業や事業の寿命はどんどん短くなっています。この状況を個人のアイデンティティ形成と紐付けて考えてみるとどうなるか。職業というのはアイデンティティ形成の最も重要な要素ですから、一つのアイデンティティに縛られるということは、一つの職業に縛られるということになります。一方で、会社や事業の寿命はどんどん短くなっている。この二つを掛け合わせると、すなわち「アイデンティティに固執するのは危険である」という結論が得られます。堀江貴文は著書『多動力』において「コツコツやる時代は終わり」であり、であるがゆえに「飽きたらすぐ止めろ」と訴えていますが、これも「パラノ」より「スキゾ」が重要であり、「ツリー」よりも「リゾーム」が大事だという指摘として読み替えることもできます。私たちは「一貫性がある」「ブレない」「この道ウン十年」みたいなことを、手放しで賞賛するおめでたいところがあります。しかし、そんな価値観に縛られて、自分のアイデンティティをパラノ的に固持しようとすることは自殺行為になりかねません。

浅田彰が指摘するポイントの二つ目が「逃げる」という点です。浅田彰は「パラノ型」を「住むヒト」と定義した上で、「スキゾ型」を「逃げるヒト」と定義しています。「住むヒト」に対置させるのであれば、「移住するヒト」とか「移動するヒト」という定義の仕方もあるのに、そうはせずに「逃げるヒト」という定義を用いている。ここは非常に鋭いと思います。「逃げる」というのは、別に明確な行き先が決まっていなくとも、とにもかくにも「ここから逃げる」ということです。このニュアンス、つまり「必ずしも行き先がはっきりしているわけではないんだけど、ここはヤバそうだからとにかく動こう」というマインドセットが、スキゾ型だと言っているわけですね。

よくキャリア論の世界では「自分が何をやりたいか、何が得意なのかを考えろ」と言われます。この点はすでに拙著『天職は寝て待て』にも書いたことですが、私はこんなことを考えるのはほとんど無意味だと思っていて、結局のところ、仕事は実際にやってみないと「面白いか、得意か」はわかりません。「何がしたいのか？」などとモジモジ考えていたら、偶然にやってきたはずのチャンスすら逃してしまう恐れがあります。

つまり、大事なのは行き先など決めていないままに、「どうもヤバそうだ」と思ったらさっさと逃げろ、ということです。もっと目を凝らし、耳をすまして周りで何が起きているのかを見極める。先に挙げた浅田彰の抜粋では「たよりになるのは、事態の変化をとらえるセンス、偶然に対する勘、それだけだ」とありますが、これは私が前著『世界のエリートはなぜ「美意識」を鍛えるのか？』において、「積み上げ型の論理思考よりも、大胆な直感が大事だ」と指摘したのと、同じことです。周囲が「まだ大丈夫」と言っていても、「危ない！」と直感したらすぐに逃げる。ここで重要になってくるのが「危ないと感じるアンテナの感度」と、「逃げる決断をするための勇気」ということになります。往々にして勘違いされていますが、「逃げる」のは「勇気がない」からではありません、逆に「勇気がある」からこそ逃げられるんですね。

私が新卒で入社した当時、広告代理店は就職人気ランキング上位の花形産業の一つでしたが、今日ではメディア・通信環境の大きな変化を受け、最も将来の不確実性が高い業種の一つとなっています。おそらく今日の就職人気ランキング上位の花形産業の多くもまた、20年後には衰退産業に数えられることになるでしょう。誰もが羨むような会社に入社すれば、その会社に所属している自分をアイデンティティの柱にするのは避けられないことです。しかし、その会社が「花形」のままでいられる期間はどんどん短くなっている。自分のアイデンティティの拠り所がもはや人が羨むような「花形」ではなくなった時、それをサッサと捨て去って、なお「自分」というものを「崩壊させずに分裂させておく」ことができるか。まさに「パラノからスキゾへ」の転換が求められているわけです。

ここで留意しておかなければならないのは、日本の社会では未だに、一箇所に踏みとどまって努力し続けるパラノ型を礼賛し、次から次へと飽きっぽく変位転遷していくスキゾ型を卑下する傾向が強い、ということです。考えてみれば、例えばシリコンバレーの職業観などは典型的なスキゾ型なので、こういった「パラノ礼賛、スキゾ卑下」の職業観が日本のイノベーションを停滞させる要因の一つとなっているのでしょう。この社会的な価値観が、「スキゾ型」の戦略を採用しようというとき、大きな心理的ブレーキとして働く可能性があります。だからこそ、逃げるには「勇気」が必要なのです。世間的な風評を気にして沈没しかけている船の中でモジモジとしていたら、それこそ人生を台無しにしかねません。

ほかの多くの人が「一度この船に乗った以上、最後まで頑張るんだ」と息巻いているなか、「僕はこの船と心中するつもりはありません。お先に失礼します」と言って逃げるとき、どれだけの勇気がいるだろうかと想像してください。パラノとスキゾを対比させてみれば、後者は前者より軽薄で軟弱な生き様に思えるかも知れません。しかし全くそうではない。むしろ勇気と強度を持たない人こそ、現在の世界ではパラノ型を志向し、それらを持つ人だけがスキゾ型の人生をしたたかに歩むことができる、ということです。

34 格差

――差別や格差は、「同質性」が高いからこそ生まれる

セルジュ・モスコヴィッシ（1925―2014）
ルーマニア出身、フランスで活動した社会心理学者。

企業における人事評価制度の設計では「公正な評価」を究極的な目標として設定します。筆者自身は組織・人事を主領域にしているコンサルタントですから、顧客企業の人事担当者が「どのようにすれば公正な評価が可能なのか」という問いに常に向き合って頭を悩ませていることはよく知っていますし、その問い自体を否定する気はありません。しかし、ここでは「公正性」について別の「問い」を立ててみたいと思います。それは「公正とは、本当に良いものなのか」という問いです。「公正」がこれほどまでに望まれているのであれば、私たちの組織においても社会においても、公正が実現されるはずです。しかし、そうなってはいない。なぜなのか。一つの有力な仮説が「本音では誰も公正など望んでいないからだ」ということです。

私たちは、江戸時代まで続いた身分差別制度を撤廃し、民主主義社会を実現したということに、一応はなっています。しかし、皆さんもよくご存知の通り、差別や格差は根絶されていません。いやむしろ、江戸時代のように公然と身分が分かれていた時代よりも、格差や差別はより陰湿で深刻な問題として私たちの社会を蝕んでいるようにも思われます。なぜ、このようなことが起こるのか。理由は単純で、身分の差がなくなり、建前上は誰にでも機会が公平に与えられているからこそ、差別や格差がよりクローズアップされているからです。

この問題を2000年以上も前に指摘していたのが本書別箇所でも取り上げている古代ギリシアの哲学者、アリストテレスでした。アリストテレスは『弁論術』の中で次のように述べています。

すなわち、妬みを抱くのは、自分と同じか、同じだと思える者がいる人々である。ところで、同じ人と私が言うのは、家系や血縁関係や年配、人柄、世評、財産などの面で同じような人のことである。(中略)また、人々はいかなる人に対し妬みを抱くかという点も、もう明らかである。なぜなら、他の問題と一緒にもう語られているから。すなわち、時や場所や年配、世の評判などで自分に近い者に対して妬みを抱くのである。

アリストテレス『弁論術』

江戸時代における封建社会では、社会的な身分の違いは出生によって決まっていました。このような社会では、社会の下位層に属している個人は上位層にいるそれとの比較を免れるため、羨望も劣等感も感じません。そもそも「比較する」ということがないからです。ところが社会的な制度としての身分差別がなくなれば、建前上、誰もが上位層に所属することができるようになります。自分と同じような人があのような素晴らしい立場にある以上、似たような出自や能力を持っている私がそのような立場に立てないのはおかしい。これが「公平性が阻害されている」という感覚に容易に結びつくことは誰にでも理解できるでしょう。公平・公正の対極にある差別は「異質性」によってこそ生まれると考えがちです。しかしそうではない。差別や格差というのは、全く逆に「同質性」が高いからこそ生まれると考えるべきです。人種差別について深い洞察を残したモスコヴィッシは次のように指摘しています。

人種差別は逆に同質性の問題だとわかる。私と深い共通性を持った者、私と同意すべきであり、私と信条を分け合うはずの者との間に見いだされる不和は、たとえ小さくとも耐えられない。その不一致は実際の度合いよりもずっと深刻なものとして現れる。差異を誇張し、私は裏切られたと感じ、激しい反発を起こす。

問題となるのは大きな格差や差別ではありません。江戸時代の身分差別制度や、現在のイギリスやインドに見られる、いわゆる「クラス」によって分け隔てられた人々のあいだで「不公平」が心身を蝕むことはない。むしろ同質性が前提とされている社会や組織における「小さな格差」こそが大きなストレスを生み出すのです。誤解のないように注記しますが、私は身分差別制度が望ましいと言っているわけではありません。そのような社会においては、同質性が建前上は前提となっている社会や組織と比較して、ルサンチマンや妬みといった感情に絡め取られることが少なかった、と言っているだけです。

格差や差別に基づく「妬み」の感情は、社会や組織の同質性が高まるほどに、むしろ構成員を蝕んでいくことになります。19世紀前半に活躍したフランスの政治思想家、アレクシ・ド・トクヴィルは平等を理想として掲げる民主主義の台頭に際して、その矛盾を鋭く指摘します。

不平等が社会の共通の法であるとき、最大の不平等も人の目に入らない。すべてがほぼ平準化するとき、最小の不平等に人は傷つく。平等が大きくなればなるほど、常に、平等の欲求が一層飽くことなき欲求になるのはこのためである。

小坂井敏晶『社会心理学講義〈閉ざされた社会〉と〈開かれた社会〉』

トクヴィル『アメリカのデモクラシー』

トクヴィルの指摘は、私たちが「公正な組織」「公正な社会」を希求することの本質的な矛盾を突いてきます。このような認識が成立した上でなお、私たちは「公正」で「公平」であることを希求するべきなのでしょうか。

もし、社会や組織が公正で公平であるのであれば、その中で下層に位置付けられる人には逃げ道がありません。人事制度や社会制度に不備があるから下層にいるのではなく、まさしく自分の才能や努力や容姿といった点で、人より劣っているからに他ならないからです。序列の基準が正当ではない、あるいは基準は正当であっても評価が正当になされていない、と信じるおかげで私たちは自らの劣等性を否定することができます。しかし「公正な組織」「公平な組織」ではこの自己防衛は成立しません。私たちが安易に「究極の理想」として掲げる「公正で公平な評価」は、本当に望ましいことなのか。仮にそれが実現したときに「あなたは劣っている」と評価される多数の人々は、一体どのようにして自己の存在を肯定的に捉えることができるのか。そのような社会や組織というのは、本当に私たちにとって理想的なのか。「公正」を絶対善として奉る前に、よくよく考えてみる必要があると思います。

35 パノプティコン
——「監視の圧力」を組織でどう飼いならすか

ミシェル・フーコー（1926—1984）

フランスの哲学者。構造主義哲学の旗手とされた時期があったが、フーコー自身は自分が構造主義者であると思っていたことはなく、むしろ構造主義を厳しく批判したため、のちにポスト構造主義者に分類されるようになる。代表作は『狂気の歴史』『監獄の誕生』『性の歴史』など。

パノプティコンとは、円周上に配置された独房と中心に配置された監視所からなる刑務所のことです。本節ではミシェル・フーコーによるパノプティコンの考察を取り上げますが、もともとパノプティコンという形態の刑務所を構想したのは18世紀イギリスの哲学者、ジェレミー・ベンサムでした。

哲学者であるベンサムが何で刑務所のデザインなどしたのか？　「最大多数の最大幸福」がベンサムの理想とした社会ですが、そのような社会においては犯罪者の更生もまた最大化されなければならない、ということでこういうものを考案したようです。こんな刑務所で本当に収監者が快適に暮らせるのかどうかは疑問ですが、ここではこれ以上ベンサムの考察に踏み込むのは止めておきましょう。

さて、フーコーは、このパノプティコンの持つ「監視圧力」に着目します。パノプティコンでは、円周上に配置された独房は中心部の監視塔から常に見張られている一方で、独房の囚人からは看守がいるのかいないのか、どちらを見張っているのかを見ることができないようになっている。もともとパノプティコンは「少数の看守で多くの独房を効率的に監視できる」ことを目的にデザインされたわけですが、フーコーが着目するのは別の点、つまりパノプティコンが生み出す「監視されているという心理的圧力」です。

どういうことかというと、この「監視されているという心理的圧力」が、現代では独房ではなく、広く社会一般にも広がりつつあるということをフーコーは指摘しているんですね。そして、この圧力が人間の個性、自由な思想や行動を抑圧しており、この圧力に屈しない「強い個人」を集団から狂人として排除することにつながっていると指摘するわけです。

近代国家においては、法律や規律などの「外部の制度」によって国民を支配するだけでなく、訓練によって形成された、いわゆる「道徳や倫理」によって支配する形を取るようになった、というのがフーコーの指摘です。私たちは自律的に「それが良いことだから、それが道徳だから」という「自分の内面の理由付け」によって行動を起こしているように感じていますが、フーコーはそれこそが「新しい支配の形態だ」と警告します。

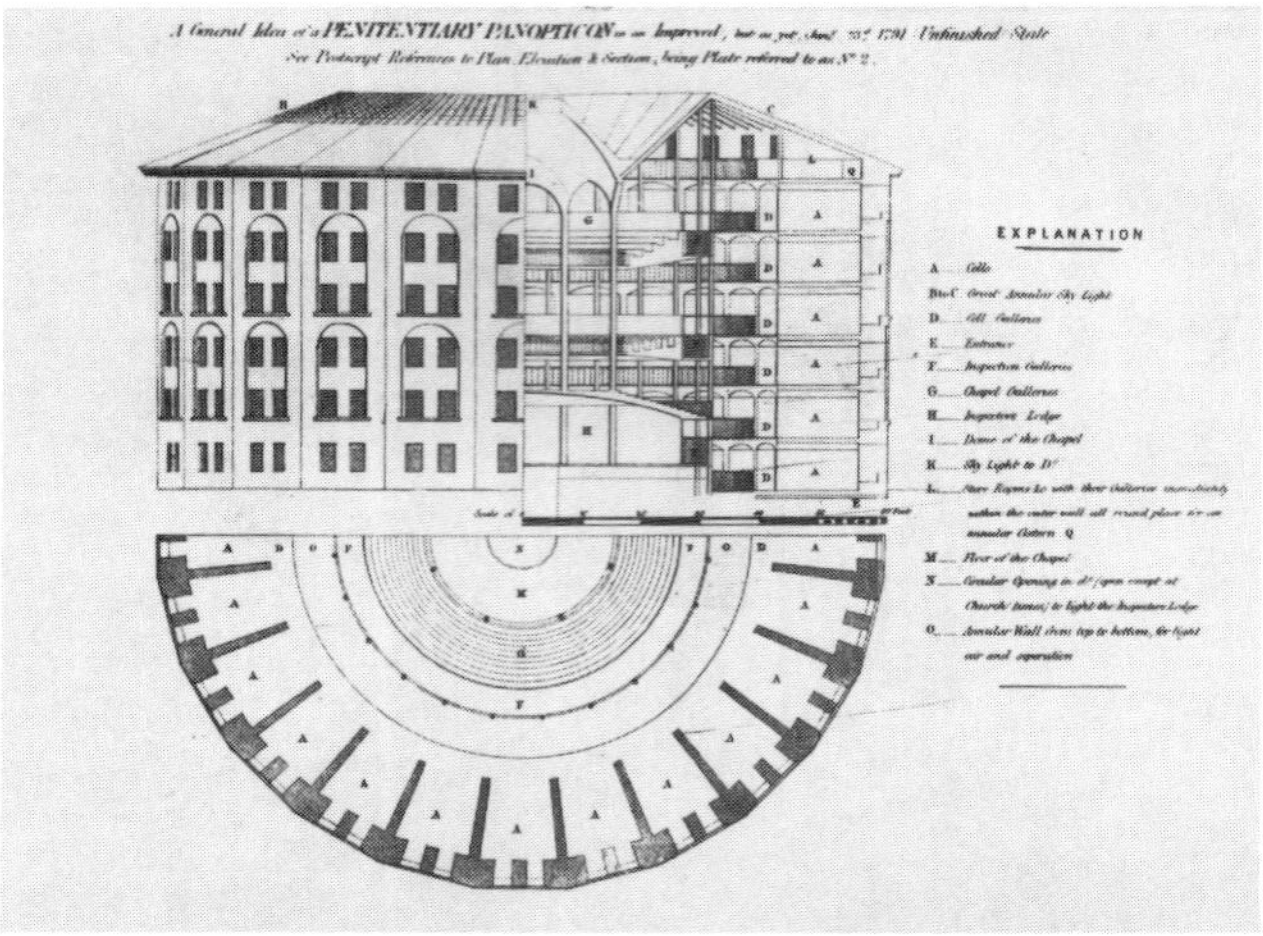

ベンサムによるパノプティコンの構想図

旧プレシディオ・モデーロ（キューバの刑務所）

さて、この指摘を経営の世界へ適用して考えてみるとどうなるでしょうか？　一つは、なんらかの圧力をかけることが必要だという局面において、必ずしも実際に監視＝モニタリングが必要なわけではない、ということです。例えば傍若無人な振る舞いを繰り返す管理職がいたとして、この人物に行動の是正を迫るような圧力をかけたいという場合、実際の監視よりも「監視されている」と本人に感じさせるような仕組みの構築が重要だということになります。

そして二つ目は、実際に監視をしていない場合でも、監視の圧力が生まれてしまう可能性があるということです。この監視の圧力は当然ながら規範的な思考や行動へと人を促すことになりますが、言うまでもなくそのような規範に大多数の人が従うような組織ではイノベーションは期待できません。

パノプティコンが生み出す圧力は組織の中に必然的に生じてしまうもので、これを押さえ込もうとしてもうまくいきません。重要なのは、必然的に生み出されるこの圧力を、組織の課題や方向性と整合した形でうまく「飼いならす」ということでしょう。

36

差異的消費
——自己実現は「他者との差異」という形で規定される

ジャン・ボードリヤール（1929—2007）
フランスの哲学者、思想家。1970年に著した『消費社会の神話と構造』で現代思想に大きな影響を与えた。いわゆるポストモダンの代表的な思想家とされる。

ジャン・ボードリヤールは、その主著『消費社会の神話と構造』において、「消費」という言葉を再定義しています。その定義とはすなわち「消費とは記号の交換」である、というものです。どのような「記号」なのかというと、「私はあなた達とは違う」という「差異」を表す記号です。古典的なマーケティングの枠組みでは、消費の目的は次の三つとされます。

①機能的便益の獲得
②情緒的便益の獲得
③自己実現的便益の獲得

マーケティング理論では、市場は黎明期から成熟していくに従って、あるいはその市場の経済的なステータスが進展するに従って、消費の目的は前ページの①から順に②、③へと移っていくことになります。これは例えば、ノートブックパソコンや携帯電話のことを思い出してもらえればわかりやすい。20年前はスペックやら重量などが主な選択要因だったのが、やがてデザインや素材感といった情緒的因子がより重要視されるようになり、ついにはそのブランドや商材が持っているパーソナリティやストーリーが重要になっています。これは逆に言えば、機能的便益で満足されてしまっては、市場はそこで頭打ちになってしまう、ということでもあります。ボードリヤールは、機能的に十分に満足のいくものがこれほどまでに溢れかえっているにもかかわらず、私たちの経済活動が中長期的に見て未だに拡大路線にあることについて、同書の中で次のように指摘しています。

充足は熱量やエネルギーとして、あるいは使用価値として計算すれば、たちまち飽和点に達してしまうにちがいないからだ。ところが、今われわれの目の前にあるのは明らかにその反対の現象——消費の加速度的増加（中略）である。この現象は、欲求の充足に関する個人的論理を根本的に放棄して差異化の社会的論理に決定的重要性を与えないかぎり、説明できるものではない。

ここでボードリヤールは、私たちの持つ「欲求」は、個人的・内発的なものとしては説明できない、むしろ他者との関係性、つまり「社会的」なものだと言っています。この本を初めて読んだのは20代後半のことでしたが、これを読んだ時には随分と新鮮な気持ちがしたものです。

ボードリヤールの言う通り、欲求が社会的なものなのだとすれば、マーケティングにおける市場創造・市場拡大において最も重要なのは、「差異の総計の最大化」ということになります。これは当然のことながら、非常に大きなルサンチマンを社会に生み出すことになります。

ボードリヤールの「差異的消費」というコンセプトはまた、消費というテーマを大きく超える射程距離を持っていると思います。例えば、私たちが「自己実現」という時、実現されるべき自己像は、自分たちの内発的な欲求や願望を基にして規定しうる、という前提に立っています。しかし、本当にそうなのか？　「望ましい自己像」が、ある特定の集団が排他的に有する特性によって記述されるのであれば、その自己像は内発的な規定というよりもむしろ、特定集団とその他の集団との境界線を規定する要件、つまり「差異」によって外発的に規定されることになります。ボードリヤールは次のように指摘します。

消費者は自分で自由に望みかつ選んだつもりで他人と異なる行動をするが、この行動が差異化の強制やある種のコードへの服従だとは思ってもいない。他人との違いを強調することは、同時に差異の全秩序を打ち立てることになるが、この秩序こそはそもそものはじめから社会全体のなせるわざであって、否応なく個人を越えてしまうのである。

ここで注意して欲しいのが、例えばお金持ちがブランド物や高級車などを購入する、見せびらかしのための衒示的消費だけが、差異的消費なのではないということです。お金持ちが、自分たちがお金持ちであることをわかりやすく他者に伝えるために、フェラーリやポルシェなどの「わかりやすい高級車」を買ったり、広尾や松濤などの「わかりやすいエリア」に住居を構えたりするのは、もちろん差異的消費の一形態ではありますが、それが全てではありません。ボードリヤールが言っているのはそういうことではなく、例えばプリウスに乗るとか、「無印良品」を愛用するとか、郊外の田舎に暮らすというのもまた、それを選択した主体が、そのような選択をしなかった他者と自分は異なるのだということを示すための差異的消費だということなんですね。

これはつまり、私たちがどのような選択を、どれだけ無意識的に、無目的に行ったとしても、そこには自ずと「それを選んだ」ということと「他を選ばなかった」ということで、記号が生まれてしまう、ということです。この窮屈さから逃れられる人はいない、私たちはそのような「記号の地獄」に生きている、というのがボードリヤールの指摘です。

これを逆に言えば、なんらかの記号性を持たない、あるいはあっても希薄な商品やサービスは、市場において生き残りにくい、ということでもあります。自己実現的消費は、市場成長の最終段階において発現するのが通例ですが、そのときの「自己実現」が、内発的に規定されるものではなく、言語と同じように「他者との差異」という形で規定されるのであれば、その商品なりサービスが、どのような「差異」を規定するのかについて、意識的にならない限り、成功する商品やサービスの開発は難しいということになります。

37 公正世界仮説

――「見えない努力もいずれは報われる」の大嘘

メルビン・ラーナー（1929―）

ウォータールー大学社会心理学教授を1970年から1994年まで務めたのち、現在はフロリダアトランティック大学の客員研究員。「正義」に関する心理学的研究の先駆者とされる。

日の当たらない場所であっても、地道に誠実に努力すれば、いつかきっと報われる、という考え方をする人は少なくありません。つまり「世界は公正であるべきだし、実際にそうだ」と考える人です。

このような世界観を、社会心理学では「公正世界仮説」と呼びます。公正世界仮説を初めて提唱したのが、正義感の研究で先駆的な業績を挙げたメルビン・ラーナーでした。

公正世界仮説の持ち主は、「世の中というのは、頑張っている人は報われるし、そうでない人は罰せられるようにできている」と考えます。このような世界観を持つことで、例えば「頑張っていれば、いずれは報われる」と考え、中長期的な努力が喚起されるのであれば、それはそれで喜ばしいことかも知れませんが、しかし、実際の世の中はそうなっていないわけですから、このような世界観を頑なに持つことは、むしろ弊害の方が大きい。

注意しなければならないのは、公正世界仮説に囚われた人が垂れ流す、「努力原理主義」とでも言うような言説です。

「努力は報われる」と無邪気に主張する人たちがよく持ち出してくる根拠の一つに「一万時間の法則」というものがあります。「一万時間の法則」とは、アメリカの著述家であるマルコム・グラッドウェルが、著書『天才! 成功する人々の法則』の中で提唱した法則で、平たく言えば、大きな成功を収めた音楽家やスポーツ選手はみんな一万時間という気の遠くなるような時間をトレーニングに費やしているというものです。この件について、私はすでに複数の書籍やブログで反論を掲載しているので、ここではごく簡単に、反論の骨子だけを述べたいと思います。

グラッドウェルの主張はシンプルで、「何かの世界で一流になりたければ、一万時間のトレーニングをしなさい。そうすれば、あなたは必ず一流になれますよ」ということなのですが、ではさて、これだけ大胆な法則を提案しているにもかかわらず、同書の中に示されている法則の論拠は、一部のバイオリニスト集団、ビル・ゲイツ氏(プログラミングに一万時間熱中した)、そしてビートルズ(デビュー前にステージで一万時間演奏した)についてはこの法則が観測されたというだけで、非常に脆弱です。

これはグラッドウェルに限ったことではなく、「才能より努力だ」と主張する多くの本に共通している特徴で、例えばデイビッド・シェンクによる『天才を考察する』では、「生まれついての天才」の代表格とされるモーツァルトが、実際には幼少期から集中的なトレーニング＝努力を積み重ねていたという事実を論拠として挙げて、やはり「才能より努力だ」と結んでいるのですが、これはよくある論理展開の初歩的なミスで、実は全く命題の証明になっていません。

まず、真の命題は次のようになります。

命題１：天才モーツァルトは努力していた

この命題に対して、逆の命題、つまり

命題２：努力すればモーツァルトのような天才になれる

を真としてしまうという、よくある「逆の命題」のミスです。

正しくは

命題1：天才モーツァルトは努力していた

という真の命題によって導出されるのは、対偶となる命題、つまり

命題3：努力なしにはモーツァルトのような天才にはなれない

であって、「努力すればモーツァルトのような天才になれる」という命題は導けません。

では努力は全く意味がないのかというと、もちろんそうではありません。実際の研究結果はどうかというと、一万時間の法則が成立するかどうかは、その対象となっている楽器・種目・科目によることがわかっています。

プリンストン大学のマクナマラ准教授他のグループは「自覚的訓練」に関する88件の研究についてメタ分析を行い、「練習が技量に与える影響の大きさはスキルの分野によって異なり、スキル習得のために必要な時間は決まっていない」という結論を出しています。※1

具体的には、同論文は、各分野について「練習量の多少によってパフォーマンスの差を説明できる度合い」を紹介しています。

テレビゲーム：26％
楽器：21％
スポーツ：18％
教育：4％
知的専門職：1％以下

この数字を見ればグラッドウェルの主張する「一万時間の法則」が、いかに人をミスリードするタチの悪い主張かということがよくわかります。「努力は報われる」という主張には一種の世界観が反映されていて非常に美しく響きます。しかしそれは願望でしかなく、現実の世界はそうではないということを直視しなければ、「自分の人生」を有意義に豊かに生きることは難しいでしょう。

※1 Brooke N. Macnamara (Princeton University), David Z. Hambrick(Michigan State University), and Frederick L. Oswald(Rice University), [Deliberate Practice and Performance in Music, Games, Sports, Education, and Professions: A Meta-Analysis], Association for Psychological Science 2012.

さて、話を「公正世界仮説」に戻して進めます。公正世界仮説、すなわち「頑張っている人はいずれ必ず報われる」という考え方は、実証研究からは否定されており、努力の累積量とパフォーマンスの関係は、対象となる競技や種目によって変わる、ということを説明しました。つまり、いたずらにこの仮説に囚われると、やってもやっても花開くことのない「スジの悪い努力」に人生を浪費してしまいかねない、ということです。

さて、ここからは「公正世界仮説」の別の問題点を指摘します。それは、この仮説に囚われた人は、しばしば逆の推定をするということです。つまり「成功している人は、成功に値するだけの努力をしてきたのだ」と考え、逆に何か不幸な目にあった人を見ると「そういう目に遭うような原因が本人にもあるのだろう」と考えてしまうわけです。いわゆる「被害者非難」「弱者非難」と言われるバイアスです。例えば日本にも「自業自得」「因果応報」「人を呪わば穴二つ」「自分で蒔いた種」など、弱者非難に繋がることわざがありますね。

ナチスドイツによるロマ人やユダヤ人虐殺、あるいは世界の多くの国々で行われた弱者への迫害は、このような世界観、すなわち「世界が公正である以上、苦境にある人は何らかの理由があってそうなっている」という世界観に基づいてなされたということを決して忘れてはなりません。

さらに「努力は報われる」という公正世界仮説に囚われると「社会や組織を逆恨みする」こ

とになりかねないという点も指摘しておきたいと思います。ロジックは非常に単純です。「世界は公正でなければならない」とすると、実直に誠実に努力を続けている人は、いずれ抜擢されたり脚光を浴びたりしなければなりません。しかし、先述した通り現実の世界は公正ではないので、日の当たらない場所でいくら頑張ったとしても抜擢もされず、脚光を浴びることもない。すると何が起きるか。世界は公正でなければならないにもかかわらず、この組織は公正ではない、つまりこの組織は道義的に間違っていると考え、やがてその組織を逆恨みするようになるわけです。これは、テロルが生まれる心理過程そのものです。

１９９９年のことですが、意に反して早期退職優遇制度を勧められたグループ企業（ブリヂストンスポーツ）の58歳の課長が、ブリヂストン本社の社長室に押し入って切腹するという事件がありました。社長室に押し入った男性の抗議文が残っているのですが、その一部に次のような箇所があります。

入社以来三十有余年、ブリヂストンと運命共同体として寝食を忘れ、家庭を顧みる暇もなく働き、会社を支えてきた従業員の結晶が今日のブリヂストンを築き上げたのである。

この告発文はまことに怨嗟の血が滴るような内容で、公正世界仮説に囚われた人が、最終的にどのように組織を逆恨みするようになるか、これ以上はないというくらいに明白に示してくれています。

寝食を忘れ、家庭を顧みる暇もなく働いたのは、そのような人生を選んだ個人の自由意志であって、そうすることに対して会社が報いるかどうかはまた別の問題なのですが、「世界は公正でなければならない」と考える人にとって、これは許されないことなのです。

世界は公正ではありません。そのような世界にあってなお、公正な世界を目指して闘っていくというのが私たちに課せられた責務でしょう。人目につかぬ努力もいずれは報われるという考え方は、人生を破壊しかねないのだということをよく覚えておいてください。

第4章

「思考」に関するキーコンセプト

よくある「思考の落とし穴」に落ちないために

38

無知の知
——学びは「もう知ってるから」と思った瞬間に停滞する

ソクラテス（紀元前469—紀元前399）

古代ギリシアの哲学者。デルポイで受けた「ソクラテス以上の賢者はいない」という神託を反証するため、様々な賢者と対話を繰り返した。しかし、対話を繰り返すうちにそれらの賢者は自分の話すら完全には理解していないことに気づき、やがてそれら「知者を気取る者の無知」を暴くことをライフワークとするようになった。

無知の知とは、平たく言えば「知らないということを知っている」ということです。なぜこれが重要かというと、そもそも「自分は知らないのだ」という認識を持てないと学習がスタートしないからです。当たり前のことですが「僕はわかっているもんね」と考えている人は知的に怠惰になってしまう。「自分はわかっていない」と思うから調べたり、人に話を聞いたりという努力が駆動されるわけです。

これを達人＝マスタリーへの道として整理すると、次のようになります。

①知らないことを知らない
②知らないことを知っている
③知っていることを知っている
④知っていることを知らない

最初の「知らないことを知らない」という状態はスタート以前ということになります。「知らない」ということすら「知らない」わけですから、学びへの欲求や必要性は生まれません。ソクラテスが指摘したのは、多くの「知者」と言われる人は「知ったかぶり」をしているだけで、本当は「知らないことを知らない」状態にある、ということですね。

次に、なんらかの契機から「知らないことを知っている」という状態に移行すると、ここで初めて、学びへの欲求や必要性が生まれることになります。

その後、学習や経験を重ねることで「知っていることを知っている」という状態に移行します。「自分が知っていることについて、自分で意識的になっている」という状態です。

そして最後は本当の達人＝マスタリーの領域である「知っていることを知らない（忘れている）」という状態になります。つまり、知っていることについて意識的にならなくても、自動的に体が反応してこなせるくらいのレベルということです。

コンサルティングのプロジェクトではよく「ベストプラクティス」をベンチマークとします。ベストプラクティスというのは「最もウマイやり方」という意味で、これを実践しているのがマスタリーということになるわけですが、このマスタリーへのインタビューはとても苦戦するケースが多い。なぜかというと、マスタリーには「なぜこんなに上手にできるんですか?」と聞いても、「知っていることを知らない」ので、「はあ、特に何もしていないんですが……」というような返答が返ってくることが多いんですね。なので、こういう場合にはインタビューで話してもらうよりも、実際の仕事現場を見させていただいて、観察からマスタリーの秘密を引き出す方が有効な場合が多いんです。

私たちは容易に「わかった」と思ってしまいがちです。しかし、本当にそうなのか? 英文学者で名著『知的生活の方法』の著者である渡部昇一は「ゾクゾクするほどわからなければ、わかっていないのだ」と指摘しています。あるいは、歴史学者の阿部謹也が、その師である上原専禄から「わかるということは、それによって自分が変わることでしょう」と言われたというエピソードはすでに紹介しました。両者ともに「わかる」ということの深遠さ、自分へのインパクトを指摘しているわけです。私たちの学びは「わかった」と思った時には停滞してしまう。本当に「ゾクゾクするほど」わかったのか、わかることによって「自分が変わった」と思えるほどにわかったのか。私たちは「わかった」と思うことについて、もう少し謙虚になってもいいのかも知れません。

この忠告はまた、短兵急にモノゴトをまとめたがる危険性をも思い起こさせます。私が長年所属しているコンサルティング業界の人々には特有の口癖がいくつかありますが、中でも「要するに○○ってことでしょ」はその筆頭と言えます。コンサルタントは、物事を一般化してパターン認識するのが好きな人種ですから、人の話を聞いて、最後にこのように「まとめたい欲」を抑えるのが難しいようです。しかし、相手の話の要点を抽出し、一般化してまとめることは、常に良い結果をもたらすとは限りません。

まず対話において、話し手が一生懸命にいろいろな説明を交えて説明したのちに、最後に相手から単純化されて「要は○○ってことでしょ」と言われると、たとえそれが要領を得たものであったとしても、何か消化不良のような、あるいは何かこぼれ落ちてしまうように感じるかもしれません。あるいは「聞き手」にとっても、いつも「要は○○でしょう」で済ませる習慣は、世界観を拡大する機会を制限してしまうことになります。

私たちは、無意識レベルにおいて、心の中で「メンタルモデル」を形成します。メンタルモデルというのは、私たち一人ひとりが心の中に持っている「世界を見る枠組み」のことです。そして、現実の外的世界から五感を通じて知覚した情報は、そのメンタルモデルで理解できる形にフィルタリング・歪曲された上で受け取られます。「要するに○○でしょ」というまとめ方は、相手から聞いた話を自分の持っているメンタルモデルに当てはめて理解する、という聞き方にすぎません。しかし、そのような聞き方ばかりしていては、「自分が変わる」契機は得られません。MITのC・オットー・シャーマーが提唱した「U理論」においては、人とのコミュニケーションにおける聞き方の深さに関して、四つのレベルがあると説明されています。

レベル1　自分の枠内の視点で考える
新しい情報を過去の思い込みの中に流し込む。将来が過去の延長上にあれば有効だが、そうでない場合、状況は壊滅的に悪化する

レベル2　視点が自分と周辺の境界にある
事実を客観的に認識できる。未来が過去の延長上にある場合は有効だが、そうでない場合は本質的な問題にたどり着けず対症療法のモグラたたきとなる

レベル3　自分の外に視点がある
顧客の感情を、顧客が日常使っている言葉で表現できるほど一体化する。相手とビジネス取引以上の関係を築ける

レベル4　自由な視点
何か大きなものとつながった感覚を得る。理論の積み上げではなく、今まで生きてきた体験、知識が全部つながるような知覚をする

これら4段階のコミュニケーションレベルのうち、「要するに○○でしょ」とまとめるというのは、最も浅い聞き方である「レベル1：ダウンローディング」にすぎないということがわかります。このような聞き方では、聞き手はこれまでの枠組みから脱する機会を得ることができません。より深いコミュニケーションによって、相手との対話から深い気付きや創造的な発見・生成を起こすには、「要するに○○だ」とパターン認識し、自分の知っている過去のデータと照合することはなるべく戒めないといけないのです。

もしも「要は○○でしょ」とまとめてしまいたくなったときには、そうすることで新たな気付き・発見が失われてしまう可能性があるのだ、ということを思い出しましょう。

容易に「わかる」ことは、過去の知覚の枠組みを累積的に補強するだけの効果しかありません。本当に自分が変わり、成長するためには、安易に「わかった」と思うことを、もう少し戒めてみてもいいのではないでしょうか。

39 イデア

──理想に囚われて現実を軽視していないか？

プラトン（紀元前427─紀元前347）

古代ギリシアの哲学者。ソクラテスに師事したのち、自らの学校「アカデメイア」を開設し、アリストテレスらの後進を指導した。プラトンの思想は西洋哲学の源流と考えられており、例えば哲学者のアルフレッド・ノース・ホワイトヘッドは「西洋哲学の歴史はプラトンへの膨大な脚注に過ぎない」と言っている。現存する著作の大半は対話篇という形式を取っており、一部の例外を除けば、プラトンの師であるソクラテスを主要な語り手とする。

プラトンが唱えたイデアを、平たく表現すれば「想像上の理想形」ということになります。例えば私たちは木を見た時、「これは木だ」と判断できますね？　しかし、一本一本の木は全て異なるものです。おそらく、世界中を探しても「全く同じ木」は二つとないでしょう。にもかかわらず、私たちはそれを「木」として認識することができます。なぜでしょうか。

それは、私たちが「木のイデア」を持っているからだ、というのがプラトンの考え方です。プラトンは、現実世界にはイデアは存在せず、それは天上界にしかない、と考えました。そして、現実世界のあらゆるものは、この天上界のイデアの劣化コピーでしかない、というふうに考えたわけです。例えば、私たちは「三角形」という概念を理解していますし、実際に三角形を見れば「これは三角形だ」と認識することができます。しかし、では目の前の三角形が、本当に純粋な三角形かというと、実際にはそうではないわけです。例えば紙に印刷された、一見すれば正確な三角形であっても、ルーペで拡大すれば印刷の網点が浮かんできて、線は線として見えず、角は角として見えません。つまり、純粋な意味での三角形は現実世界には存在しない。しかし、私たちは「三角形」という概念を理解できる。これは天上界にある「三角形のイデア」を私たちが知っているからだ、というのがプラトンの考え方なのです。

ちょっと横道に逸れますが、このプラトンの指摘を、人工知能の問題と組み合わせて考えてみると面白い。犬と猫の写真を見せて、それぞれに分けるということは、人間の子供にもできる簡単なことですが、これを人工知能にやらせようとすると非常に難しい。コンピューターは、どのような条件に該当すれば「猫」と分類し、どのような条件に該当すれば「犬」と分類するかを規定してあげないと、判断ができないからです。ではどのような条件を規定すればいいのか？　が問題になるわけですが、ここが難しい。私たちがどのようにして「猫」を「猫だ」と判断し、「犬」を「犬だ」と判断しているかは、遡及的に言語化することがなかなかできないからです。結局、現在の人工知能では、この「条件による分類」というアプローチは諦め、大量の「犬」あるいは「猫」の写真を覚えさせ、統計的に「これは犬」あるいは「これは猫」と判断させるという「機械学習」のアプローチを採用し、かなりの精度で「犬と猫」の分類ができるようになっています。

プラトンによれば、私たちが「犬」を見て「犬だ」と認識できる、あるいは「猫」を見て「猫だ」と認識できるのは、私たちが「犬」や「猫」のイデアを持っているからだ、ということになります。仮にそれが正しいのだとすれば、人工知能に「犬のイデア」「猫のイデア」を植え付けることができれば、大量のデータを覚えさせるなどという無粋なやり方はしなくて済むのかも知れません。

おそらくここまで読んで、多くの人はプラトンの考えるイデアという考え方に強い違和感を覚えたのではないでしょうか。実はプラトンの一番弟子であったアリストテレスも同じで、アリストテレスはプラトンの死後に、イデア論に対する批判を繰り返しているんですね。アリストテレスのイデア批判は様々な側面に及んでいるのですが、ひっくるめてまとめれば「現実に検証できないような仮想を思考の立脚点においても仕方がない」ということです。空想上の概念を弄ぶことをよしとせず、目の前の現実をしっかりと観察することを思考の立脚点に置くべきだ、というのがアリストテレスの考え方でした。

さて、私たちは往々にして、イデアに囚われて現実を軽視するということをやってしまいます。典型例が多くの企業において実施されている人事制度です。例えば目標管理制度という仕組みがありますね。ほとんどの日本企業で採用されている人事の仕組みですが、ではこれが本来の設計思想通り、まともに機能している会社があるかというと、おそらくほとんどないだろうというのが私の観察です。人事制度というのはイデアの誤謬の最たるもので、人事部も人事コンサルタントも「人事のイデア」を念頭において制度を設計する。しかし、現実の運用となると、プラトンが指摘した通り「イデアの劣化コピーとしての現実」にしかなり得ていないわけです。イデアというのは「想像上の理想形」だと、本節冒頭に記しました。確かに、「あるべき姿」としての理想形を思い描くことは、戦略を立てる上で重要な起点となりますが、そこにこだわりすぎて「ない物ねだり」に陥る危険性も認識しておかなければなりません。

プラトンは、その主著『国家』において、「国家のイデア」を知る人間こそが政治を行うべきだという「哲人政治」の主張を繰り広げています。しかし、では現実にどうであったか？　プラトンは実際に「哲人政治」を実現するため、シラクサ王ディオニシオス2世の後見役であった弟子のディオンに乞われてシチリアに赴き、王の教育を試みます。しかし政争に巻き込まれてしまい、監禁されるなどの危険な目に遭って、這々の体でアテネに戻ることになります。プラトンの理想論は見事に失敗したのです。

40 イドラ

――「誤解」にはパターンがある

フランシス・ベーコン（1561―1626）

後期ルネサンスのイギリスの哲学者、神学者、法学者。経験主義の父とも呼ばれる。自然現象の注意深い観察と、観察結果の帰納的推論によって正確な知識にいたることが可能だと考えた。ウィリアム・シェイクスピアと同時代人であり、シェイクスピアはベーコンのペンネームだという説もある。

「知は力なり」という言葉を聞いたことがあるという人も多いのではないでしょうか。これはフランシス・ベーコンの言葉です。

哲学の歴史には流派というか、系統のようなものがあります。イメージがわきにくいかも知れませんが、例えば「ロック」とひとくくりに言っても、プログレッシブロック、パンクロック、ヘヴィメタルなど、表現の形式とかコスチュームの系統によってサブカテゴリーに分かれますよね。まあ、そのようなものだと考えてもらえればいいと思います。フランシス・ベーコンはなかでも「イギリス経験論哲学」と、のちに呼ばれることになる流派の開祖となった人です。

経験論というのは、別になんていうことはありません、経験からもたらされる知識を重視しようという立場で、推論の方法としては「帰納」を優先する立場ということです。これに対置されるのがアリストテレスの形式論理学を開祖として、やがてデカルトやライプニッツなどが受け継いでいった「合理論」になり、こちらは理性に基づく思考をより重視し、推論の方法としては「演繹」を優先する見地を取ります。

ベーコンによれば、演繹、つまり一般化された法則から個別の結論を推論するというアリストテレスの論理学は、かえって誤りを導きやすく、正しい知識とはむしろ、常に実験や観察といった「経験」からスタートするべきだということになります。

したがって、ベーコンの知的生産システムにおいては、何よりも観察と実験が大事だということになるわけですが、一方で人間の認識能力には頼りないところがあり、誤解や偏見によって、正しい結論を導くことができないことも多々あります。

では、人間が正しく認識できず、誤りを導いてしまうケースにはどのようなパターンがあるのか？　この問いに対する答えとしてベーコンが提示したのが「四つのイドラ」でした。イドラというのはラテン語で「偶像」といった意味ですね。いわゆるアイドルという言葉は、このラテン語の「イドラ」が語源になっています。

さて、では具体的にベーコンは四つのイドラについて、どんなことを指摘しているのでしょうか？

・種族のイドラ（自然性質によるイドラ）

ベーコンが「その根拠を人間性そのものに、人間という種族または類そのものがもっている」イドラとしたものです。何やら回りくどい言い方ですが、わかりやすく言えば「錯覚」のことです。例えば、地平線上の太陽が実際よりも大きく見えたり、甘いものを食べたあとにみかんを食べると酸っぱく感じたりするのは典型的な「種族のイドラ」と言えます。

・洞窟のイドラ（個人経験によるイドラ）

ベーコンが「各人に固有の特殊な本性によることもあり、自分の受けた教育と他人との交わりによることもある」イドラとしたものです。これを日本語で言えば「独善」ということになります。自分の受けた教育や経験など、狭い範囲の材料をもとに決め付けてしまう、という誤謬です。例えば外国人の同僚と「たまたま」うまくいかなかった経験を持つ人が、「そもそも外国人は難しいと考えてしまうのは、典型的な洞窟のイドラと言えます。

・市場のイドラ（伝聞によるイドラ）

ベーコンが「人類相互の接触と交際」から生ずるイドラとしたもので、言葉の不適切な使用によって生じるイドラです。いわゆるミスコミュニケーションということで、平たく言えば「噂」や「伝聞」を真実だと信じて惑わされることです。よく「2ちゃんねる」で聞きかじった話を、さも事情通のようにしたり顔で話す人がいますが、こういう人が引っかかりやすいのが「市場のイドラ」ということになります。なぜ「市場」なのかというと、市場にはいろんな人がいて、いろんな噂が乱れ飛ぶということからきています。

・劇場のイドラ（権威によるイドラ）

ベーコンが「哲学の様々な学説から、そしてまた証明の間違った法則から人々の心に入ってきた」イドラとしたもので、高名な哲学者の主張など、権威や伝統を無批判に信じることから生じる偏見のことです。テレビや雑誌などによく出ている評論家の主張をアタマから信じて疑わない人はよくいますが、こういう人は典型的に「劇場のイドラ」に惑わされていると言えます。今ならさしずめ「メディアのイドラ」ということでしょうか。

どうでしょうか？　こうやって並べてみると、私たちがモノゴトを正しく認識しようとする際に、確かにこれら四つのイドラは、それを阻む大きな要因になっていることがわかると思います。

これらの「イドラ」について知っておくことは二つの点で重要です。

一つは、自分の主張の根拠となる認識が、四つのイドラのどれかによって歪められていないか？　という観点。

もう一つは、他者の意見に反論する際、主張の根拠となっている前提が、これら四つのイドラによって歪められていないか？　という観点です。

ベーコンは、人間の知性は、これらのイドラによって一旦こうだと思いこむと、全てのことを、それに合致するようにつくりあげてしまう性向をもつと考えました。こうした思いこみは、たとえその考えに反する事例が多く現れても、それらを無視、あるいは少なくとも軽視しがちです。したがって、ベーコンは、この四つのイドラを取り除いて初めて、人は真理にたどり着け、本来の姿を取り戻すことができると説いたわけです。

41 コギト
——一度チャラにして「疑えないこと」から再スタートしてみよう

ルネ・デカルト（1596—1650）
フランス出身の哲学者、数学者。いわゆる合理主義哲学の祖であり、近世哲学の祖として知られる。考える主体としての自己＝精神とその存在を定式化した「我思う、ゆえに我あり」は哲学史上もっとも有名な命題の一つとされる。

哲学史上、おそらく最も有名な哲学命題の一つである「我思う、ゆえに我あり」をラテン語で表すと「Cogito Ergo Sum」（コギト・エルゴ・スム）となります。本節の表題となっている「コギト」とは、この命題の冒頭から引いた言葉です。デカルトは、彼の代表作『方法序説』のなかで、思考の立脚点として、この「我思う、ゆえに我あり」という命題を置くことを提案しているのですが、では、この命題は、そもそもどのような意味を持っているのでしょうか。

以前、ネット上で「考えないヤツ（＝バカ）は存在しないのと同じ」というウルトラCの解釈を読んだことがありますが、もちろんそのような意味ではありません。デカルトが言おうとしたのは、「存在の確かなものなど何もない。しかし、ここに全てを疑っている私の精神があることだけは、疑いえない」ということです。現在を生きている私たちが唐突にそのように指摘されれば「ええ⁉　それはまあそうでしょうね……」と答えるしかないように思われるわけですが、デカルトはなぜ、かくも自明なことを大げさに指摘したのでしょうか。

わかりやすく言えば、これはデカルトなりの「シャウト」だったということです。なにをシャウトしていたのかというと、当時の権威であったキリスト教やストア哲学に対して喧嘩を売りながら「徹底的に自分のアタマで考えろ！」ということです。これがいかにすごいことだったのか、デカルトの生きた時代背景を知らずに共感することは難しいかもしれません。

デカルトは宗教戦争の時代を生きた哲学者です。『方法序説』が書かれたのはヨーロッパ最大の宗教戦争である三十年戦争の最中でした。言うまでもなく、三十年戦争というのはカトリックとプロテスタントの戦いです。両者が信仰や教義のあり方について、言うなれば、どちらこそが「真理」なのかということを争っていたわけです。

キリスト教において教義や信仰のあり方を研究するのは神学者です。この時代、双方の神学者は「こっちの言い分こそが真理だ」ということを主張するためにおびただしい論文を書いたのですが、当然のことながら決着がつくわけもなく、やがてはヨーロッパ中が血で血を洗うような大戦争に突入することになります。

さて、こうなると何が起きるか。ローマ帝国が滅びて以来、中世のあいだずっと「真理」を司っていたのはローマ・カトリック教会でした。そのためでしょう、古代ギリシアの人々がヒマにかまけてあれほど一生懸命に蓄積した「真理に関する考察」の多くは中世に至って散逸してしまいます。

手元に哲学史をお持ちの方であれば確認してみると面白いので見てください。歴史に名を残した哲学者を、古代ギリシア時代のソクラテスから、現代のドゥルーズやガタリまで、時代順に並べてみると、5世紀くらいの時期、人物としてはアウグスティヌスやボエティウスを最後に、13世紀にロジャー・ベーコンやトマス・アクイナスといった人物が登場するまでの800年間ほど、著名な哲学者が出てこない「空白の時期」があることに気がつくと思います。

これは哲学だけでなく、自然科学や文学についても同様に見られる現象なのですが、要するにこの時期、ヨーロッパは長期的な知的停滞、いやむしろ「知的退行」とも言うべき状態に陥っているんですね。

信じがたいことに、古代ギリシアにおいて人文科学・自然科学の分野で巨大な業績を残したアリストテレスの知見や著作は、この時期にヨーロッパではほとんど失われてしまい、13世紀になってやっとイスラム世界から逆輸入される形で復活するまで、一部の著作を除いては失われてしまいました。真理を追求するのは人の仕事ではない、真理は神によって司られており、それを民衆に示すのは神と対話できる聖職者だけである、という社会秩序が生み出した結果です。

ところがここに困ったことが起こる。プロテスタントとカトリックによる「二重の真理」という問題です。両者が「こちらこそ真理だ」と言って泥仕合をやっている様を想像すれば、そのアホらしさがすぐにわかるでしょう。中世の人たちだってバカではありません。特に知識人と呼ばれる階層の人たちは、さすがに「これはどっちが正しいとか、そういう問題じゃないだろ」と思い始めたわけです。そういう時期、言ってみれば「キリスト教が示す真理」という物語への疑いがコップからいよいよ溢れそうになっているというティッピングポイントに、デカルトは「この際だから、ぜんぶチャラにして、もう一回確実なところから始めてみようじゃないか」と言い始めたわけです。

しかし一体、確実なものなんてあるのか？　目に見える現実だって錯覚や夢かも知れないと考えれば、確実とは言えない。これを「方法論的懐疑」と言いますが、そうやって全てを疑っていったとき、最後に「疑っている自分がいる」ということだけは疑えないことに、デカルトは気づきます。この「確実な地点」から、厳密に考察を積み重ねていけば、神や教会といった権威に頼ることなく、自分の力で真理に至ることができるのではないか、これがデカルトの「我思う、ゆえに我あり」というシャウトの骨子です。

本書の枠組みを用いて説明すれば、デカルトが示してくれた知的態度には敬服させられるものがあります。つまり「プロセスからの学び」という点では素晴らしいものがある。その時代において前提となっていた知的枠組みをいったんチャラにして、権威におもねることなく、厳密に確実性をチェックしながら思考を組み立てようとした、そのロケンロールな佇まいには拍手を送りたい。しかし一方で「アウトプットからの学び」という点ではどうか。

読者の皆さんとしてはこう思うでしょう。デカルトが「我思う、ゆえに我あり」という「確実な地点」から、厳密に考察を積み重ねようとしたことはわかった。それで、その「積み重ねた考察」の結果、デカルトはどのような「真理」に至ったのか、と。つまり「我思う、ゆえに我あり」という旅の出発点はもうわかったのだから、その旅路の末にデカルトはどこにたどり着いたのか？　という問いです。結論から言うと、デカルトはその出発点から一歩も外に出ることができなかったんですね。

デカルトは『方法序説』の中で、この「我思う、ゆえに我あり」という「確実な地点」から出発して「神の存在証明」にトライします。内容は次の通りです。

①考えている私の存在は疑いえない
②考えている私の中にある観念もまた疑いえない
③観念には「モノ」「動物」「人間」「神」の四つがある

④これらを完全性という観点で評価すると「モノ＜動物＜人間＜神」となる
⑤より不完全なものはより完全なものの原因たりえない
⑥②より「神の観念」の存在は疑いえず、また⑤より「神の観念」の原因は人間たりえない
⑦したがって「神の観念」の原因は人間より完全な神だけである
⑧よって神の存在が証明される

なるほど！　そうキタか～……とは誰も思わないでしょう。詐欺師の方便のような証明で、現在の私たちにとっては到底納得できるようなものではありません。どうもデカルト自身もこの証明については「イマイチだよなあ」と思っていたらしく、『方法序説』の公刊後に友人に宛てた手紙の中で、神の存在についての数ページはあの本の中の「一番重要な部分ではある」が、しかし一方で「全篇の中の一番練れていない部分」でもあり、「最後に出版社からせきたてられるまでは、なかなか加えるかどうかの決心がつかなかった」ということを告白しています。もしかしたら「神や教会といった権威に頼らず、自分のアタマで考えよう」というメッセージが教会の逆鱗に触れることを恐れて、当の方法論でもって「神の存在証明」をすることで許してもらおうとしたのかも知れません。いずれにせよ「取ってつけたような違和感」は当時からあったようで、同時代の哲学者＝パスカルからも「できることなら、デカルトは『神なし』

で済ませたかったんじゃないの?」と言われています。

デカルトのコギトから、私たちは様々な洞察を得ることができます。まず「プロセスからの学び」ということでは、その社会において支配的な枠組みをいったんチャラにして「本当にそうなのか」と構えつつ、自分のアタマで考えることの重要性が挙げられます。しかしまた一方で「アウトプットからの学び」ということでは、あまりにも厳密に考えようとすると、意外と不毛な結論しか得られないんだな、ということも挙げられるでしょう。それはデカルトが示した「我思う、ゆえに我あり」という命題が、後世に続く哲学者の思考の出発点としては結局、採用されなかったという点からも明らかです。

42 弁証法
——進化とは「過去の発展的回帰」である

ゲオルグ・ヴィルヘルム・フリードリッヒ・ヘーゲル（1770—1831）
ドイツの哲学者。観念論哲学及び弁証法的論理学における業績のほか、近代国家の理論的基礎付けなど政治哲学の領域でも大きな業績を残した。認識論、自然哲学、歴史哲学、美学、宗教哲学、哲学史研究に至るまで、哲学のあらゆる分野を網羅的に論じた。

弁証法とは何か。平たく言えば「真理に至るための方法論の名前」です。どんな方法論かというと、「対立する考えをぶつけ合わせ、闘争させることで、アイデアを発展させる」というやり方です。哲学の教科書ではよく次のようなプロセスとして説明されています。

①まず命題（テーゼ）Aが提示される（正）
②次にAと矛盾する反命題（アンチテーゼ）Bが提示される（反）
③最後にAとBの矛盾を解決する統合された命題（ジンテーゼ）Cが提示される（合）

よく用いられる喩えを挙げましょう。ある者が「円だ！」と主張し（正）、ある者が「長方形だ！」と主張する（反）という場合、二次元空間を前提にしていれば、これらの主張が形式論理上、両立することはありません。どちらかが必ず間違っています。しかし、ここに「ちょっと待ってよ、これ、円柱じゃないの？」という主張（合）が出てくると、両者を統合する形で解決します。二次元空間という前提を取っ払うことで、両者の主張が矛盾することなく両立する新しい命題が成立するわけです。弁証法では、この第三のステップをアウフヘーベン（止揚）と言います。

さて、ではこれで終わりなのか、というとそうではありません。ヘーゲルによれば、そのようにして提案された「統合された命題」についてもまた、アンチテーゼが提案され、両者が争うことでさらに新しい命題が提案されることになります。これを繰り返していくことで、私たちは真理に近づくことができる、というのが、ヘーゲルの主張でした。こうやって書いている私自身ですら、かなり胡散臭い感じがしますが、このまま続けます。

ヘーゲルによれば、この弁証法は、真理の探求だけでなく、歴史にも当てはめることができます。ある社会形態があったとして、それを否定する別の社会形態が提案され、最後には両者の矛盾を平定する形でジンテーゼとしての理想社会が提案される。そのようにして社会は発展していくものであり、理想的な社会へ到達するためにも、人類には闘争が必要なのだ、というのがヘーゲルの主張でした。

現代を生きる私たちからすると、実にナイーブな思想に思えますが、時代が違ったということを考慮に入れるべきなのでしょう。ヘーゲルが生きていた時代はちょうど、王制から共和制への転換期でもありました。フランス革命はヘーゲルが最も多感であったであろう大学生の時に起きています。王制というテーゼに対して、共和制というアンチテーゼが提案されて実際に革命が成就したこともあり、このヘーゲルの考え方、つまり「闘争を通じて社会は発展していく」というアイデアは革命の思想的基盤として受け入れられ、後にマルクス主義、共産革命の思想的基盤を形成していくことになります。

社会が実際にそのように発展するのかどうか、そもそも「社会が発展する」という考え方自体が健全なのかどうか（社会が発展するという考えは、必然的に「発展した社会」と「未開の社会」という枠組みを生み出すことになります）という論点はともかくとして、相反する二つの命題を統合的に両立させるような新しいアイデアを追い求めていくという知的態度は、現代を生きる私たちにとっても必要でしょう。

私たちは公的な立場であれ、私的な立場であれ、常にトレードオフとなる二者択一を迫られています。多くの場合、これら二つのオプションは一見すると両立できないように思えることが多いわけですが、本当にそうなのか。ヘーゲルが指摘する通り、知的な格闘や対話を通じて、両者を両立させるようなアプローチを見出そうとする態度は否定されるべきではないでしょう。

トレードオフとなる二つの選択肢について「どっちも欲しい」とか「どっちも嫌だ」というのは、子供の言い分のように響くかも知れませんが、しかし、イノベーターの多くがそのような「ない物ねだり」の末に、トレードオフを両立するようなイノベーションを成し遂げていることを忘れてはいけません。

一見両立しないような二つの命題を統合的に解消するというのが弁証法の考え方ですが、この時、ジンテーゼは「螺旋的発展」によって出現することを覚えておくといいでしょう。弁証法においてモノゴトが発展するとき、それは直線的に発展するのではなく、螺旋的に発展します。螺旋的に発展するということはつまり、「進化・発展」と「復古・復活」が同時に起きる、ということです。

例えば本書の冒頭で紹介した教育革命がそうです。教育革命の進展を先ほどの弁証法のプロセスで記せば、次のようになります。

A：村の子供を集めて、一人一人の発育や興味に合わせた教育を行う＝寺子屋＝テーゼ

B：同じ年齢の子供を集めて、画一的に同じカリキュラムで教育を行う＝学校＝アンチテーゼ

Aであればそれぞれの子供の成長に応じた細やかな教育ができるわけですが、一方で効率性という点では問題があります。Bの場合、効率性という問題は解消されますが、発育の程度に応じたきめ細やかな教育という点では問題があります。結局のところ、ここ100年のあいだは、基本的にBの方式を採用しながら、そこに適応できないごく少数の例外について、Aを適用するというアプローチが採用されていました。

ところが、ここにきてICTの力を用いることで、AとBのトレードオフを解消するような教育システムが、全世界的に採用されつつある。インターネットを通じたカリキュラムを家庭内で実施し、各児童が自分なりにわからないところを学校で先生に教えてもらうという形式ですから、これは先ほどのAとBをアウフヘーベンすることで、

C：同じ年齢の子供を集めながら、一人一人の理解や興味に応じた教育を行う＝ジンテーゼ

という新しいアイデアが得られたということになります。このとき、昔ながらの寺子屋型の教育が、ICTの力によって「進化・発展」しながら「復古・復活」したと整理することができます。同様の例は、例えば昔日の市場（いちば）における指値取引が、リバースオークショ

ンという形で復活したり、村落共同体の寄り合いがソーシャルメディアという形で復活したりと、枚挙にいとまがありません。

さらに指摘すれば、このような「螺旋的発展」のイメージを掴むことで、未来を予測することも可能になります。弁証法による螺旋的発展は、古いものがより便利になって復活するということですから、これから先、現れてくるものについても、過去のなにがしかが主にＩＣＴの力によって効率性・利便性を高めて復活してくる、と考えることができます。

何の足がかりもないままに「未来を予測しよう」と考えても、白昼夢を見るように空想するしかないわけですが、昔からあったものなのに、非効率性ゆえに一時的に社会から姿を消したものが、別の形態をとって社会に発展的に復活してくる、と考えれば様々な具体的アイデアが浮かんでくるのではないでしょうか。

43 シニフィアンとシニフィエ

——言葉の豊かさは思考の豊かさに直結する

フェルディナンド・ソシュール（1857―1913）

スイスの言語学者、言語哲学者。「近代言語学の父」と言われる。

「モノ」があって「コトバ」がある。私たちは通常、「モノ」という実在があって、それに対して「コトバ」が後追いで付けられたように感じています。旧約聖書を見てみるとわかりやすい。創世記2・19には次のような記述があります。

主なる神は、野のあらゆる獣、空のあらゆる鳥を土で形づくり、人のところへ持って来て、人がそれぞれをどう呼ぶか見ておられた。人が呼ぶと、それはすべて、生き物の名となった。

しかし、本当にそうなのであれば、モノの体系と言語の体系が文化圏によって異なることが説明できません。ソシュールは次のように指摘します。

「フランス語の『羊』(mouton)は英語の『羊』(sheep)と語義はだいたい同じである。しかしこの語の持っている意味の幅は違う。理由の一つは、調理して食卓に供された羊肉のことを英語では『羊肉』(mutton)と言ってsheepとは言わないからである。sheepとmoutonは意味の幅が違う。(略)もし語というものがあらかじめ与えられた概念を表象するものであるならば、ある国語に存在する単語は、別の国語のうちに、それとまったく意味を同じくする対応物を見出すはずである。しかし現実はそうではない。

内田樹『寝ながら学べる構造主義』

日本人には馴染みの薄い「羊」が例に挙げられているので少しわかりにくいかも知れませんが、ここで重要なのは「意味の幅が違う」という指摘です。つまり、ある言葉が概念として指し示す範囲が、文化圏によって違うということを言っているわけです。

例えば私たちにとって「蛾」と「蝶」という言葉には馴染みがあります。これら二つの言葉は、「蛾」と「蝶」という二種類の虫がもともとあって名付けられたと考えがちですが、ソシュールによればそれは間違いだということになります。なぜならフランス語には「蛾」という言葉も「蝶」という言葉もなく、それらを包含する「Papillon（パピヨン）」という言葉しかないからです。フランスでは、私たちが「蝶」と「蛾」という二つの言葉を用いて分けている概念が、一つの範囲のもの、つまりより「大きな幅」を示す言葉として「Papillon」として整理されている、ということです。ここは非常に誤解されやすい点で、初学者向けにはよく「蝶に該当するpapillonという言葉はあるが、蛾に該当する言葉がない」といった説明がされていますが、これはソシュールの指摘を根本的に誤解している人の理解です。ソシュールが言っているのは全くそういうことではなく、概念を整理するシステムが根本的に異なっている、ということです。「蝶」と「蛾」という概念を二つの別のものとして使い分けているのが日本人ですが、もし「蝶」に該当するのが「Papillon」で、「蛾」に該当する言葉が単にないだけだとすれば、フランス人も同じように「蝶」と「蛾」を別の概念として整理していることになります。そうではない、フランス人には「蝶」という概念も「蛾」という概念もなく、両者を同じ集合として捉える「Papillon」というまったく別の概念を用いる、ということです。逆に言えば、厳密な意味でフランス語の「Papillon」に対応する概念は、日本語にはないということです。

あらゆる場合において、私たちが見出すのは、概念はあらかじめ与えられているのではなく、語のもつ意味の厚みは言語システムごとに違うという事実である。（略）概念は示差的である。

つまり概念はそれが実定的に含む内容によってではなく、システム内の他の項との関係によって欠性的に定義されるのである。より厳密に言えば、ある概念の特性とは、『他の概念ではない』ということに他ならないのである。

内田樹『寝ながら学べる構造主義』

ソシュールは、概念を示す言葉をシニフィアン、言葉によって示される概念そのものをシニフィエと名付けます。例えば先述した例を用いれば、日本語では「蝶」と「蛾」という二つのシニフィアンを用いて、二つのシニフィエを示しているのに対して、フランス語では「Papillon」というシニフィアンを用いて、日本語の「蝶」でも「蛾」でもない、両者が合わさったようなシニフィエを示しているということです。そして、シニフィアンとシニフィエの体系は言語によって大きく異なる。先述した喩え以外にも、日本語では「湯」と「水」は別のシニフィアンですが、英語には「Water」というシニフィアンしかありませんし、あるいは「恋」と「愛」は別のシニフィアンですが、英語には「Love」というシニフィアンしかない。

さて、ソシュールによる指摘は、なぜ重要なのでしょうか。二つの点があります。

一つは、私たちの世界認識は、自分たちが依拠している言語システムによって大きく規定されている、ということを示唆するからです。西洋哲学が「世界はどのように成り立っているのか」という「What の問い」からスタートしていることはすでに説明しましたね。この「問い」以来、デカルトやスピノザらが活躍した17世紀くらいまでの哲学者は、事実に基づいて明晰に思考を積み重ねていけば、「真実」に到達することができる、と考えていたわけですが、本当にそうなのか、という大きな疑義をソシュールは投げかけます。どういうことか。私たちは言葉を用いて思考するわけですね、当たり前のことです。しかし、その言葉自体が、すでに何らかの前提によっているとすればどうか。言葉を用いて自由に思考しているつもりが、その言葉が依拠している枠組みに思考もまた依拠するということになってしまいます。私たちは本当の意味で自由に思考することができない、その思考は私たちが依拠している何らかの構造によって大きな影響を不可避的に受けてしまう、これが構造主義哲学の基本的な立場です。ソシュール自身は言語学者であるにもかかわらず、構造主義哲学の始祖と呼ばれるのはそのためです。ちなみに「私たちは私たちが依拠している構造によって考えることしかできない」ということを、別の角度から指摘したのがマルクス、ニーチェ、フロイトらでした。彼らはそれぞれ、私たちの思考が「社会的な立場」「社会的な道徳」「自分の無意識」などによって不可避的に歪められてしまうことを指摘し、これらの考察が、やがてレヴィ＝ストロースに代表される構造主義哲学へと収れんしていくことになります。ソシュールは、古代ギリシア時代から連綿と続いてきた、理知的な考察によって真理に到達することができる、という無邪気な「理知原理主義」

とも言うべき考え方に、哲学とはまったく異なる側面から、決定的なダメ出しをしたわけです。これがソシュールの指摘が重要だとされる、一点目の理由です。

ソシュールの指摘がなぜ重要なのか、二点目の理由は、語彙の豊かさが世界を分析的に把握する力量に直結する、ということを示唆するからです。先ほどまでは日本語とフランス語、あるいは英語を比較していましたが、同じ日本語を用いる集団の中で、より多くのシニフィアンを持つ人とより少ないシニフィアンを持つ人を比べてみた場合はどうでしょうか。ソシュールが指摘するように、ある概念の特性が「ほかの概念ではない」ということなのであるとすれば、より多くのシニフィアンを持つ人は、それだけ世界を細かく切って把握することが可能になります。細かく切る、つまり分析ということです。あるシニフィアンを持つ、ということはあるシニフィエを把握することに繋がります。概念という言葉しか持たない人は、概念という言葉の中に含まれている「シニフィアン」と「シニフィエ」を分けて認識することができません。「シニフィアン」という語彙を持っているからこそ、ある概念が示されたときに、それが「シニフィアン」なのか「シニフィエ」なのか、判別する機構が働くことになるわけで、これはそのまま、世界をより細かいメッシュで分析的に把握していく能力の高低につながることになります。

本書で説明している哲学・思想の用語がまさにそうです。これらの用語は日常生活を送る上ではほとんど役に立ちませんが、本書冒頭に示した通り、目の前で起きている事象をより正確に把握するための洞察を与えてくれるはずです。なぜ、概念が洞察を与えてくれるのかというと、それは新しい「世界を把握する切り口」を与えてくれるからです。

まとめましょう。ポイントは二つです。まず、私たちは、自分が依拠している言語の枠組みによってしか、世界を把握することはできないということ。二つ目には、それでもなお、より精密に、細かいメスシリンダーを用いて計量するように世界を把握することを試みるのであれば、言葉の限界も知りながら、より多くの言葉＝シニフィアンを組み合わせることで、精密にシニフィエを描き出す努力が必要だということではないでしょうか。

44 エポケー

――「客観的事実」をいったん保留する

エドムント・フッサール(1859―1938)

オーストリアの哲学者、数学者。初めは数学基礎論の研究者であったが、数学で博士号をとったのちに専攻を哲学に変えた。ブレンターノの影響を受け、哲学の側からの諸学問の基礎付けへと関心を移し、全く新しい対象へのアプローチの方法として「現象学」を提唱した。現象学は20世紀哲学の新たな流れとなり、マルティン・ハイデガー、ジャン・ポール・サルトル、モーリス・メルロ＝ポンティらの後継者を生み出して現象学運動となり、学問のみならず政治や芸術にまで影響を与えた。

昨今のグローバルカンファレンスではよく「VUCA」という言葉を耳にします。もともとはアメリカ陸軍が現在の世界情勢を表現するために用いた言葉ですが、今日では様々な場所で聞かれるようになりました。「VUCA」とは「Volatility＝不安定」、「Uncertainty＝不確実」、「Complexity＝複雑」、「Ambiguity＝曖昧」という、今日の世界の状況を表す四つの単語の頭文字を組み合わせたものです。このような世界において、正しくモノゴトを判断していくことが、非常に難しくなっています。

単純でないもの、明確ではないものを明晰に把握しようとすることは難しい。すでにソクラテスの「無知の知」の項において確認した通り、短兵急に「わかったつもり」になることは大きな誤謬の元になります。この時、わかったつもりにならないで、判断を留保することをフッサールはエポケーと名付けました。エポケーとは古代ギリシア語で「停止、中止、中断」を意味する言葉です。

さて、このように説明すると、エポケーを単なる「判断留保」のことだと思われるかも知れません……というか私の説明だと、そうと思わざるを得ないと思いますし、実際にフッサール自身の著作では「判断停止」という言葉が用いられています。だったら「判断留保」と言えばいいわけで、なぜエポケーなどというケッタイな用語を用いるのか。もちろん、単なる「判断留保」とエポケーには違いがあるのですが、この違いを理解するために、エポケーを具体的な喩えで考えてみましょう。

例えば、目の前にリンゴがあるというとき、私たちはリンゴの存在は客観的事実だと考えますね。目の前にあるリンゴの存在を「主観的な感想」だと考える人はあまりいないでしょう。しかし、本当にそのリンゴは「客観的事実」として正しいのでしょうか。もしかしたら、幻覚を見ているだけかも知れないし、あるいは精巧に作られたホログラム映像を見ているだけなのかも知れません。つまり、私たちが一般に「客観的だ」と考える認識は、実は自分の意識の中でそのように考えていること、つまり「主観的な私の意識の中で客観的だと思える」ことに過ぎない、ということになります。目の前に存在しているリンゴについて、

A：リンゴが存在している

という客観的実在を原因として

B：私がそのリンゴを見ている

という主観的認識を結果とする考え方を止めて

C：リンゴを認識している自分がいる

という主観的認識を原因として

D：リンゴがそこに実在していると考える

という主観的認識を結果とする

というのが、フッサールが唱えた「還元」という思考プロセスです。客観的実在を、主観的認識に「還元」する、ということです。

この時、エポケーとは、先述した「Aを原因として、Bという結果がある」という考え方を「一旦、止める」という点に該当します。簡単に言えば、エポケーとは、「客観的実在をもとに主観的認識が生まれる」という客体→主体の論理構造に「本当にそれで正しいのか」という疑いを差し向けるということ、確かにそのように思えるけれども、一旦それはカッコに入れておこう、ということです。これで、単なる判断留保とエポケーの違いを理解していただけたでしょうか。

しかし、これはなかなか難しいことです。目の前にリンゴがあるという時、そのリンゴの存在はあまりにも自明なものに思える、つまり客観的な事実に思えるわけで、それを主観的認識にすぎない、と考えることはバカバカしいように思えるはずです。しかし、世の中における「バカの壁」は、そのような「あまりにも自明に思えること」が、人によっては「必ずしも自明ではない」からこそ生まれてくるのだ、ということを忘れてはなりません。

余談ですが、統合失調症の治療においては、幻覚や幻聴を体験している人に対して、それが実際には存在しないものだということを納得させるのが大変難しい。これは、私たち自身がもし、目の前にありありと見えているリンゴが、それは存在しないもので、あなたにしか見えない幻なのですよ、と言われたときに、私たちがどれほど戸惑い、その指摘を容易には信じようとしないだろうということを考えれば、想像がつくと思います。

ラッセル・クロウが主演した映画『ビューティフル・マインド』では、統合失調症にかかった天才数学者ジョン・ナッシュが、医師や家族の再三にわたる指摘にもかかわらず、自分が体験しているものが幻覚・幻聴なのだということをなかなか信じようとしない様子が描かれています。

さて、ではこのエポケーというコンセプトを知ることは、現代を生きる私たちにどんな意味があるのでしょうか。いろんな示唆をもたらしてくれるコンセプトだと思いますが、私は「他者理解の難しさ」という点を挙げたいと思います。

フッサールは必ずしもそう指摘しているわけではないのですが、エポケーとはつまり「あなたが客観的事実だと考えているものを、一度留保してみなさい」ということです。ではそうすることで何かいいことがあるのか。

一つ間違いなく言えるのは、そうすることで対話できる余地が広がる、ということです。他者とのあいだに相互理解が成立しないという時、自分に見えている世界像と相手に見えている世界像には大きな齟齬がある可能性があります。その時、両者が共に自分の世界像に強い確信を持っていれば、その齟齬が解消される可能性はありません。現在の世界では対話の可能性を放棄し、対話の機会や場そのものを暴力によって破壊しようとする人々が後を絶ちません。彼らは、つまり「対話に絶望している」わけです。なぜ対話に絶望するのか、その理由はいろいろに考えられますが、一つの理由として考えられるのが、私たちが、個人個人の世界像をあまりにも強固に持ちすぎるようになっているからです。ましてや今日の社会では様々なものがつながりあい、ダイナミックに変化していきます。そのような社会において、自分の見ている世界像が客観的事実であり、疑いようのないものだと考えることは危険であり、また倫理的にも問題があるでしょう。

私たちが持っている「客観的な世界像」は、そもそも主観的なものでしかあり得ない、その世界像を確信するのでもなく、捨て去るのでもなく、いわば中途半端な経過措置として、一旦「カッコに入れる」という中庸の姿勢＝エポケーの考え方は、このような時代だからこそ求められる知的態度なのではないかと思います。

45 反証可能性
——「科学的である」＝「正しい」ではない

カール・ポパー（1902—1994）
オーストリア出身のイギリスの科学哲学者。ロンドン・スクール・オブ・エコノミクス教授を歴任。社会哲学や政治哲学にも言及した。純粋な科学的言説の必要条件としての反証可能性の重要性を提唱した。精神分析やマルクス主義を批判。ウィーン学団には参加しなかったものの、その周辺で、反証主義的観点から論理実証主義を批判した。また、「開かれた社会」において全体主義を積極的に批判した。

科学とは何か？　この問いについては様々な人が様々な答えを出していますが、イギリスの科学哲学者であるカール・ポパーは「反証可能性」をその条件として指摘しています。反証可能性というのは「提案されている命題や仮説が、実験や観察によって反証される可能性があること」という意味です。要するに「あとでひっくり返される余地があるかないか」という条件と考えてもらえばいいでしょう。

これはとても面白い定義ですよね。なぜなら、科学的な論考であればあるほど、事実に基づいた論理的厳密性が求められるわけで、これはともすれば命題や仮説の「頑丈さ」というイメージにつながります。一方で、ポパーが指摘しているのは、一種の「脆弱性」についての要件ですから、私たちの多くが一般に感じる科学的理論や仮説のイメージとは異なります。しかし、これをよくよく考えてみると、「何が科学か」という論点の他に、「何が科学ではないか」という論点についての示唆を与えてくれることがわかります。

何が科学ではないのか？　この問いに対して、ポパーの要件を照らして答えてみれば、それは「反証のしようがないもの」ということになります。論理あるいは事実を用いて、その命題や仮説を反論する余地がない場合、それは「科学ではない」ということになります。

ここで注意して欲しいのが、ポパーは、反証可能性を持たないということは「科学ではない」と指摘する一方で、だからといって「正しくない」とは言っていない、ということです。ポパーが問題視しているのは、「科学のふりをしたニセ科学」が、一種の虚仮威しのように「科学的」という印籠を掲げて人を薙ぎ倒そうとする風潮のことで、もとより「科学的」でないのであれば、それはサイエンスではなく、アートだと初めから言えば良いのです。本来はアートの分類に属する考察が、「科学」の持つ説得力をなかば剽窃するようにしてまかり通っている現実に対して、ポパーは警鐘を鳴らしているわけです。

具体例を示しましょうか。アインシュタインによる「重力レンズ」を例に引きます。重力レンズとは、光が重力によって曲げられるという現象です。この重力レンズにより、皆既日食の際、本来は太陽にさえぎられて見えないはずの星が、太陽の重力によって光が曲がることで観察できるはずだ、というアインシュタインの仮説が実際の観察によって検証され、重力レンズ仮説は「正しい命題」として証明されました。このとき、観察した結果が仮説を反証するものであれば、アインシュタインの唱えた命題は否定されることになります。これはつまり、アインシュタインの「重力レンズ仮説」は「反証可能性」を持っていたということです。

一方で、例えばフロイトの唱えた「全ての欲求の根源には性的リビドーがある」という命題やマルクスによる「全ての歴史は階級闘争の歴史である」という命題は、どのような方法によっても反証することができないため、ポパーからは「科学ではない」とされています。

ポパーの指摘する「反証可能性」という科学の要件は、私たちに対して「科学」というものに対する認識の書き換えを迫ります。それはつまり、本当の意味で「科学的である」ということは「反論の可能性が外部に対して開かれている」ということであり、さらに言えば、科学理論というものは「反証可能性を持つ仮説の集合体」でしかない、ということです。よく「これは科学的に検証された」などと枕言葉をつけて、主張の正当性を意固地になって訴えるばかりで、反論に耳を傾けようとしない人がいますが、ポパーに言わせれば、そういう態度こそ科学の名に悖るということになります。そのような人たちがわめきたてる「科学的な言説」に惑わされないようにしたいものです。

46 ブリコラージュ

――何の役に立つのかよくわからないけど、なんかある気がする

クロード・レヴィ＝ストロース（1908―2009）

フランスの文化人類学者、民族学者。専門分野である人類学、神話学における評価もさることながら、一般的な意味における構造主義の祖とされ、彼の影響を受けた人類学以外の一連の研究者たち、ジャック・ラカン、ミシェル・フーコー、ロラン・バルト、ルイ・アルチュセールらとともに、1960年代から1980年代にかけて、現代思想としての構造主義を担った中心人物の一人。

経営学の教科書にはよく「イノベーションを実現したければ、まずターゲット市場を決めろ」といったことが書かれています。しかし、実際のところはどうかというと、多くのイノベーションは想定された用途と異なる領域で花開いています。

例えばエジソンは蓄音機を発明するに当たって、今日の音楽産業のようなビジネスモデルを構想していたわけではなく、例えば速記録の代替とか、遺言書の代替といった、かなり「スジの悪い」仮説を持っていたようで、結局は自分でもそう思ったのでしょう、すぐにもっと儲かりそうなアイデア＝白熱電球に夢中になり、蓄音機のアイデアは捨てやられています。

あるいは「飛行機」もまた、当初想定された用途とは全く異なる領域で花開いた、と言えます。ご存知の通り、今の航空機につながる原理を用いて最初に動力飛行を成功させたのはウィルバーとオービルのライト兄弟でしたが、では彼らは、どのような目的を想定して飛行機を発明したか。それは戦争の終結です。ライト兄弟は、自らの作りだした小さな飛行機が、民主主義に則った政府の手によって使用されれば、敵の動きを遠く離れたところから監視できるようになるため、奇襲攻撃や熾烈な戦闘を無効化できるだろうと考えたのですが、実際はご存知の通り、真逆の結果となりました。

これらの事例は、よく言われる「用途市場を明確化しない限り、イノベーションは起こせない」ということが、間違いとは言わないものの、不正確な仮説であることを示唆しています。多くのイノベーションは、「結果的にイノベーションになった」に過ぎず、当初想定されていた通りのインパクトを社会にもたらしたケースはむしろ少数派なのです。

しかし一方で、用途市場を明確化せずに野放図に開発投資を行って成果が出るとも思えません。ある程度経営史に関するリテラシーのある人は「用途市場を明確化せずに研究者の白昼夢に金をジャブジャブつぎ込み続けた結果、すごいアイデアがたくさん生まれたけれどもほとんど儲からなかった」という悪夢のような事例、ゼロックスのパロアルト研究所の話を聞いたことがあるでしょう。パロアルト研究所は、マウスやGUI、オブジェクト思考プログラミング言語といった、現在のコンピューターでは常識となっている様々なデバイスやアイデアを先駆的に開発したにもかかわらず、何一つそれらを商業化できず、挙句の果てにそれらの発明がもたらす果実をアップルなどの他社に取られ、その他社によって窮地に追いこまれるという、まさに「往復ビンタ」のような悲惨な状況に陥りました。

ここに、私たちは非常に大きなジレンマを見出すことになります。つまり、用途市場を明確化しすぎるとイノベーションの芽を摘むことになりかねない一方、用途市場を不明確にしたままでは開発は野放図になり商業化は覚束ない。

ということで、ここで重要になるのが「何の役に立つのかよくわからないけど、なんかある気がする」というグレーゾーンの直観です。

これは人類学者のレヴィ＝ストロースが言うところの「ブリコラージュ」と同じものと言えるでしょう。レヴィ＝ストロースは、南米のマト・グロッソの先住民達を研究し、彼らがジャングルの中を歩いていて何かを見つけると、その時点では何の役に立つかわからないけれども、「これはいつか何かの役に立つかも知れない」と考えてひょいと袋に入れて残しておく、という習慣があることを『悲しき熱帯』という本の中で紹介しています。そして、実際に拾った「よくわからないもの」が、後でコミュニティの危機を救うことになったりすることがあるため、この「後で役に立つかも知れない」という予測の能力がコミュニティの存続に非常に重要な影響を与える、と説明しています。

この不思議な能力、つまりあり合わせのよくわからないものを非予定調和的に収集しておいて、いざという時に役立てる能力のことを、人類学者であり、また構造主義哲学の始祖とみなされているクロード・レヴィ＝ストロースはブリコラージュと名付けて近代的で予定調和的な道具の組成と対比して考えています。レヴィ＝ストロースは、サルトルに代表される近代的で予定調和的な思想（つまり用途市場を明確化してから開発する、といった思考の流派）よりも、それに対比されるより骨太でしなやかな思想をそこに読み取ったわけですが、実は近代思想の産物と典型的に考えられているイノベーションにおいても、ブリコラージュの考え方が有効であることが読み取れるのです。

こういった「何の役に立つのかよくわからないけど、作ってみたら後で莫大な価値を生み出すことになった」という発明は、先述した蓄音機や航空機の他にも枚挙に暇がありません。例えばアメリカにおけるアポロ計画もそれに該当する事例として挙げられるでしょう。アポロ計画は、一言で言えば「月に行こう！」という、単にそれだけの計画であって、少し引いて考えてみると一体それが何の役に立つのかサッパリわからないプロジェクトだったと言うことも可能ですが、私が知る限り現代の社会に巨大な貢献をもたらしていると確信できる点が少なくとも一点あります。それは医学の領域です。

集中治療室＝ＩＣＵ（Intensive Care Unit）は、アポロ計画がなければ実現できなかったか、あるいは少なくとも実現が大幅に遅れたであろうと考えられています。ＩＣＵというのは、患者の身体に、生命に影響を及ぼすような変化が起こったらすぐにそれを遠隔で医師や看護師に知らせるというシステムですが、このシステムは、宇宙飛行士の生命や身体の状況を、やはり遠隔地からモニターして、何か重大な変化が起これば即座に対応するという、アポロ計画のような長期の宇宙飛行においての必要性から生じた技術です。確かに映画『アポロ13』を観ていると、身体の内部と外部の環境をモニターして、大きな変化があると即座に手を打つという、ＩＣＵに求められるシステムが、そのまま実現されていることがわかりますよね。

アポロ計画のような、壮大な無駄遣いに見えるような取り組みからでも、人類にとって必要欠くべからざるような技術やシステムが生み出されているということを多くの人は知りません。しかし、これは典型的なブリコラージュだと言えます。このプロジェクトを主導したケネディの脳内に、この宇宙計画によって派生的に人類にとってものすごく有用な智慧が生み出されるはずだという確信があったかどうかはよくわかりません。しかし、この計画を完遂することによって何か重大な智慧が、それを完遂するものにもたらされるはずだという「曖昧な予感」がもし、関係者の中にあったのだとすれば、まさにそれはマト・グロッソの先住民たちがもっていた野性的な知性だったのだと思わざるをえないのです。

翻って、現在のグローバル企業においては、「それは何の役に立つの？」という経営陣の問いかけに答えられないアイデアは、資金供給を得られないことが多い。しかし、先述したこれらの事例によれば、世界を変えるような巨大なイノベーションの多くは「何となく、これはすごい気がする」という直感に導かれて実現しているのだということを、我々は決して忘れてはなりません。

47 パラダイムシフト
——世の中はいきなり「ガラリ」とは変わらない

トーマス・クーン（1922―1996）

アメリカの哲学者、科学者。専門は科学史及び科学哲学。1962年に発表した主著『科学革命の構造』において、科学の進歩は累積的なものではなく、断続的な革命的変化＝パラダイムシフトによると指摘した。

パラダイムという言葉はとても使い勝手が良いこともあって、今日ではクーンの懸念した通り、科学領域を超えてはるかに広い範囲で用いられるようになりました。では、そもそもクーンはパラダイムという用語をどのような概念として用いているのか。クーンによれば、それは「一般に認められた科学的業績で、一時期のあいだ、専門家に対して問い方や答え方のモデルを与えるもの」ということになります。パラダイムシフトとは、この「一時的にモデルを与える科学的業績」が、新しいものへと代替わりすることを指しています。つまり、元々は「科学領域」について限定的に用いることを念頭においていたんですね。ご存知の通り、今日では、パラダイムという言葉は科学領域を超え、社会現象やテクノロジーなどの広範な領域において、クーンが当初想定した概念からかなり拡大されて用いられています。この現象について、当初のクーンの定義とは異なる、と眉間にシワする科学史家もいるようですが、すでに本書で触れてきたように、「言葉」もまた時間によって進化し、あるいは自然淘汰されるわけで、そんなに目くじらを立てるようなことではないんじゃないかと、個人的には思っています。パラダイムという言葉がここまで広範な領域に用いられるようになったのは、それが他の言葉では説明のつかない現象をうまく説明する用語として「最も適切だった」からであって、例えばそれは、私たちが「大丈夫」という、元々は「大男」を意味する言葉を「問題なし」という意味で使うようになったのと同じようなことでしょう。ということで、ここではパラダイムシフトの概念そのものには深入りせず、パラダイムシフトに関連して、クーンが発見した示唆深い点について共有したいと思います。

一つは、どんなパラダイムにも優れた説得力があり、その時代に問われる難問のほとんどに対して答えることができる……にもかかわらず、根本的に間違っている可能性がある、という点です。例えば、現在の私たちは、天動説を「根本的に間違ったアイデア」だということを知っています。しかし、天動説は、長い期間に渡って、宇宙論の優れたモデルとして採用され、ほとんど全ての人を納得させてきました。しかし、観測技術が進化し、やがて天動説というモデルでは説明のできない変則的事例が無視できないほどに目立つようになったため、地動説へのパラダイムシフトが発生した、ということです。

このように書くと、パラダイムシフトは、本書でも説明したヘーゲルの弁証法のようなプロセスを経て発生すると思われた人もいるかも知れません。ここが、クーンが指摘した示唆深いポイントの二つ目なのですが、クーンによれば、パラダイムシフトというのはそのようにして起こるわけではありません。クーンによれば、異なるパラダイムにはあまりにも深い溝があるため、対話すら発生しないというのです。両者では問題に取り組む方法論どころか、問題を表現するために用いる用語すら一致しないことがほとんどです。つまり、異なるパラダイムの間には優劣を判断するための共通の基準がない、ということです。クーンはこれを「共約不可能性」という言葉で表現しています。

これはつまり、パラダイムシフトというのは、非常に長い時間をかけて起きるものだ、ということでもあります。なぜなら、異なるパラダイム間で、それを支持する人々の交流も交換もないとなると、あるパラダイムから別のパラダイムへの転換は、どちらかのパラダイムを信奉する人が、世の中から全て死に絶えることでしか起こり得ないからです。クーンは物理学者、マックス・プランクの言葉を引用して説明します。

新しい科学的真理は、その反対者を説得し、彼らに新しい光を見させせることによって凱歌をあげるものではなくて、むしろ反対者が死に絶えて新しい世代が成長し、彼らにはあたりまえになってしまう時にはじめて勝利するのである

確かに、コペルニクスの地動説が受け入れられるまでには、彼の死後、一世紀以上の時間がかかっていますし、ニュートンの万有引力も発表以降、半世紀以上の時間がかかってやっと認められています。歴史上の画期的な発見や発明を、後追いで学習している私たちは、そのような発見や発明をきっかけに、世の中がガラリと転換したようなイメージを持ちますが、それは誤りです。これは「イノベーションの普及」について、エベレット・ロジャーズが指摘していたのと同様のことですが、例えば活版印刷技法や壊血病や感染症の予防法といった画期的な発明は、普及するまでに数百年という時間がかかっている。今日では、様々な領域で、たった数年足らずのあいだにパラダイムがシフトしまくっているように言われていますが、クーンに言わせれば、そんなものはパラダイムではなく、単なる「意見」や「方法」でしかない、ということになります。

逆に言えば、私たちがいま、100年単位で起こっているパラダイムシフトの中にいるのだとすれば、それはどのようなパラダイムから、どのような別のパラダイムへのシフトなのか？時間軸を長く取って考えてみる必要がありそうです。

48 脱構築

――「二項対立」に縛られていないか？

ジャック・デリダ（1930―2004）

フランスの哲学者。フランス領アルジェリア出身のユダヤ系フランス人。一般にポスト構造主義の代表的哲学者と位置付けられている。エクリチュール、脱構築、散種、差延等の概念を提唱した。哲学のみではなく、文学、建築、演劇など多方面に影響を与えた。

脱構築というのは、簡単に言えば二項対立の構造を崩す、ということです。デリダによれば、西洋哲学は「善と悪」「主観と客観」「神と悪魔」のような「優・劣」の枠組みを前提にして構築されてきたけれども、脱構築では、そのような「優・劣」の枠組み自体がもつ矛盾性を明らかにすることで、過去の枠組みから「脱」し、新たな枠組みの「構築」を目指します。

例えば昨今、大流行している「多様性」を題材にして考えてみるとわかりやすい。「多様性が大事だ」と主張する人は、当然のことながら画一性や全体主義を批判します。つまり、彼らの頭の中には「多様性と画一性」「多様性と全体主義」という二項対立があり、後者は前者より劣ったものとして対置されることになっています。さて、この命題を脱構築するとどうなるか？

そう、「多様性が大事だ、多様性を認めろ」という主張自体がそもそも画一的で全体主義的である、という批判が成立することになります。多様性が重要であるのであれば、いろんな考え方が認められるべきだということになるわけですが、では「画一性や全体主義は素晴らしい」という主張もまた、認められるべきだということになります。しかし、それを認めれば多様性は必ずしも重要ではない、ということになり、元々の命題と矛盾することになってしまいます。

実はこの手法は議論・批判の王道とも言えるもので、評論の神様と言われた小林秀雄が周囲の論敵を撫で斬りにする時によく用いていたものです。反証事実を持ってきて反論するのではなく、相手の主張の内部的な矛盾を突くことで反論するわけで、武道で言えば、相手の力を用いて相手を倒す合気道のような批判アプローチと言えるかも知れません。

もう少し拡大解釈して脱構築を道具として使いやすくしてみましょう。例えば、Aというテーゼと B というテーゼがあったときに、ある人がAだということを主張しているとします。そしてこの人をヤッツケたいと思うとき、その人の議論の枠組みにのって「僕はAではなくBだと思う」というアンチテーゼをぶつけるということを、多くの人はやってしまうのですが、もっとも強力なのは、「そもそもAなのかBなのか、という問題設定自体がおかしい」と指摘することなんですね。向こうが出してきた議論の枠組みや問いの前提を、そもそも破壊してしまう。

人類学者のクロード・レヴィ＝ストロースがサルトルを攻撃して、哲学者としての「息の根」を止めた、という話はすでにしましたね。そう、ここまで読まれて気づかれた方もいるかも知れませんが、レヴィ＝ストロースがサルトルを反撃するために用いたのも一種の脱構築として整理できます。サルトルが振りかざしていた「新しいか古いか」という二項対立について、その二項対立が内在的に有している「西洋は進化している一方で、辺境は未開であり劣っている」という枠組みそのものがダメだ、と攻撃したわけです。

サルトルはマルクス主義に傾倒していました。マルクス主義は弁証法的歴史観、つまり歴史には法則があり、私たちがその法則を理解すれば、歴史を正しい方向に主体的に動かしていくことができる、という考え方をします。このアイデアに対して、レヴィ＝ストロースは『野生の思考』という本の中で、この考え方、つまり「歴史が発展する」という考え方を「パリから一歩も出たことのない人間が上から目線でものを言っている」と批判したわけです。この批判があまりにも的を射ていると、おそらく当のサルトル自身も感じたのでしょう。サルトルは慌てふためいて、この批判に対して「ブルジョアの戯言だ！」などと苦しい反論を繰り出しますが、このファイトを眺めていた人からすると、すでにサルトルの敗戦は明確でした。この論戦以後、サルトルが主導してきた実存主義は急速に影響力を失っていくことになります。

歴史が発展するということは、全ての社会・文明は「発展」というモノサシの上で「進んでいる社会・文明」と「遅れている社会・文明」とに分かれることになるわけですが、それはヨーロッパ側の価値観を一方的に押し付けて比較しているだけに過ぎない、というのがレヴィ＝ストロースの批判の骨子です。繰り返せば、脱構築の基本的な考え方は「二項対立の構造を崩す」ということです。サルトルの提示した二項対立というのは「発展と未開」という二項対立であり、人々は主体的に社会にかかわること、これをサルトルはアンガージュマンと呼びましたが、それによって歴史をより良い方向に発展させることができる、と主張したわけです。サルトルの提案した「発展と未開」という二項対立の構造に対して、その枠組み自体にヨーロッパの傲慢が表出していると批判して、これを崩したわけですから、レヴィ＝ストロースの批判は、脱構築のテクニックを用いていると言えます。

二項対立の枠組みはとても便利なので、企業経営や実社会の問題を整理する際によく用いられます。よくあるのは「強みと弱み」や「機会と脅威」や「デザインとコスト」などですが、しかし、これらの枠組みを設定することによって、かえって思考の広がりが制約を受けてしまうということもあります。そのような時には、二項対立の枠組みそのものを換骨奪胎してみる「脱構築」を考えてみてはいかがでしょうか。

49

未来予測

——未来を予測する最善の方法は、それを「発明」することだ

アラン・ケイ（1940—）

アメリカの計算機科学者、教育者、ジャズ演奏家。パーソナルコンピューターの父、と言われることもある。オブジェクト指向プログラミングとユーザインタフェース設計の開発に大きな功績を残した。「未来を予測する最善の方法は、それを発明することだ」という名言でも知られる。

まず、上の絵を見てください。

ほとんどの人が「ああ、iPadね。で?」と思うでしょう。

では続いて次ページの絵を見てもらいましょう。

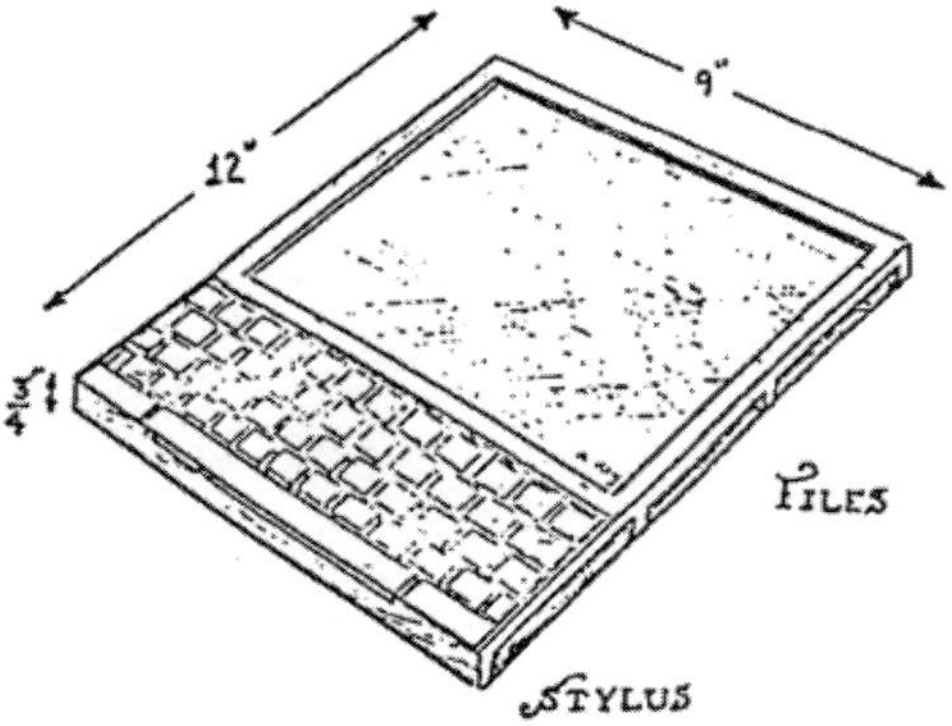

どうでしょう、多くの人は「あれ、なんかちょっと違うなあ、なんだこれは」と思ったのではないでしょうか？

種明かしをすれば、この二つの絵は、コンピューターサイエンティストのアラン・ケイが１９７２年に著した論文「A Personal Computer for Children of All Ages」の中で、ダイナブックというコンセプトを説明するために用いたものです。そう、いまから半世紀近く前のことです。

この種明かしをされて「すごい、40年以上も前に未来を予測していたんだ」と思ったのだとすれば、その解釈は完全に間違っています。

これはアラン・ケイ自身も言っていることですが、彼は、未来を予測してこれを描いたわけではありません。彼がやったのは「こういうものがあったらいいな」と考えて、そのコンセプトを絵にして、それが実際に生み出されるように粘り強く運動したということです。ここに「予測」と「実現」の逆転が見られます。

コンサルティングファームに居ると、よくクライアントから「未来予測」に関する相談を受けます。未来はどうなりそうでしょうか？　その未来に対して、我々はどのように準備するべきでしょうか？ というご相談で、もちろんフィーをいただいてレポートを作成することになるわけですが、個人的には実にナンセンスだと思っています。

いまある世界は偶然このように出来上がっているわけではありません。どこかで誰かが行った意思決定の集積によっていまの世界の風景は描かれているのです。

それと同じように、未来の世界の景色は、いまこの瞬間から未来までのあいだに行われる人々の営みによって決定されることになります。であれば本当に考えなければいけないのは、「未来はどうなりますか？」という問いではなく「未来をどうしたいか？」という問いであるべきでしょう。

アンドロイドの研究で名高い大阪大学の石黒先生は、アラン・ケイと面会した際「ロボットの未来に可能性はあるのでしょうか？」と質問したところ、アラン・ケイから叱責されたそうです。「お前はロボットを研究する立場にある人間だろう。そういう立場にある人間が、そんなことを他人に聞いてどうする。お前自身は、ロボットというものを人類にとってどういうものにしたいと思っているんだ？」と聞き返され、「アタマをガツーンとやられた感じがした」と述懐しています。

未来というものは予測するよりも、むしろそれをビジョンとして想い描くべきものだ、という考え方は、別の角度からも補強されます。なぜなら「予測は外れる」からです。

例えば、昨今の日本では少子化による人口減少の予測が危機感をもって議論されていますが、他国における過去の少子化による人口減少の予測はこれまでほとんどが外れたということをご存じでしょうか？

例えばイギリスでは20世紀初頭に出生率が大きく低下した時期があり、政府や研究機関は様々な前提で人口予測を作成しました。彼らが作成した17パターンの人口予測を現在振り返ってみると、そのうち14は人口減少を予測していて完全に外れ、残る3つも人口増を予測したものの、その増加は実際を遥かに下回るものでしかありませんでした。結果から言えば政府やシンクタンクがまとめた17の人口予測を遥かに上回って人口は増加した、というのが20世紀初頭のイギリスのケースです。

また、アメリカの出生率も1920年代に低下し始めて1930年代まで下がり続けました。この事態を受けて1935年に発表された人口予測では、1965年にはアメリカの人口は3分の2まで減少するだろうと予測されましたが、この結果も大きく外れています。第二次世界大戦が始まると急に結婚率が高まり、それにつれて出生率も大幅に上昇した結果、1965年には人口が減るどころか、逆にベビーブームが到来したわけです。

人口動態のように統計がしっかりと整備されていて比較的未来予測がやりやすい分野においてもこのザマなのですから、これが他分野になると目も当てられません。典型例がコンサルティング会社やシンクタンクなどが行っている「未来予測」です。

1982年、当時全米最大の電話会社だったAT&Tは、コンサルティング会社のマッキンゼー・アンド・カンパニーに対して「2000年時点での携帯電話の市場規模を予測してほしい」と依頼しました。この依頼に対してマッキンゼーが最終的に示した回答は「90万台」というものでしたが、では実際にはどうだったかというと、市場規模は軽く1億台を突破し、3日ごとに100万台が売れる状況となっていました。この悲惨なアドバイスに基づき、1984年、当時AT&Tの社長だったブラウンCEOは携帯電話事業を売却するという致命的な経営判断を行い、以後AT&Tはモバイル化の流れに乗り遅れて経営的に行き詰まり、最終的には自ら切り離したかつてのグループ企業であるSBCに買収され、消滅するという皮肉な最後を迎えます。

莫大な調査費用をかけ、超一流のリサーチャーを使って行われた予測だったはずですが、文字通り「ケタ外れのスケール」で予測を外しているわけです。コンサルティング会社には守秘義務があるので、こういった悲惨なプロジェクトが公になることはなかなかありませんが、業界に長くいた私からすれば、こういう悲劇は「頻繁に発生している」という印象があります。これはなにも、コンサルティング会社の能力や予測モデルに問題がある、ということではなく、そもそも専門家の予測というのは「外れるのが当たり前だ」ということです。

このようにつらつらと考えてくれば、そもそも、私たちは「予測」などというものに、ちょっと頼りすぎているのではないか、と考えざるを得ません。

最後に、アラン・ケイのメッセージを。

"The best way to predict the future is to invent it"（未来を予測する最善の方法は、それを発明することだ）

50 ソマティック・マーカー

——人は脳だけでなく身体でも考えている

アントニオ・ダマシオ（1944—）

ポルトガル出身、アメリカの神経科学者。2018年現在、南カリフォルニア大学の神経科学、心理学、哲学教授。数多くの臨床例をもとに情動が意思決定に与える影響を研究し、発汗や心拍の昂進といった身体反応が意思決定の品質に大きな影響を与えるとする「ソマティック・マーカー仮説」を唱えた。

哲学における基本問題の一つに「心」と「身体」についての考察があります。例えばプラトンはこの問題を「霊と肉」という二項目に分けて考察していますし、さらに時代を経ればデカルトはこの問題に関する考察を「心身二元論」としてまとめ、基本的に両者を分離独立した別個のものとして取り扱うアイデアを示し、一方で、例えばスピノザなどは「心身平行論」としてまとめ、両者は一体のもので分離できないとして、デカルトを批判しています。なかなか決着がつかなかったんですね。現在でも、この問題は哲学という領域を超えて、例えば人工知能における身体性の問題なども、広義の「心身問題」として考えることもできます。

さて、私たちは一般に、「心」と「身体」について、「心」が司令塔であり、「身体」はその司令を受けて命令を執行する機関だというイメージで考えがちです。しかし、この「心」が主で、「身体」が従であるという関係は、どうもそれほど単純ではない、ということがいくつかの研究からわかりつつあります。ここではそのような研究の一例として、アントニオ・ダマシオの唱えた「ソマティック・マーカー仮説」を紹介したいと思います。

神経科学者のアントニオ・ダマシオは、数理や言語といった「論理的で理性的」な脳機能がまったく損傷されていないにもかかわらず、社会的な意思決定の能力を破滅的に欠いた患者を数多く観察し、適時・適正な意思決定には理性と情動の両方が必要であるとする仮説、いわゆるソマティック・マーカー仮説を唱えました。彼自身の述懐によれば、発見に至る経緯は次のようなものでした。

神経科学者であるアントニオ・ダマシオのもとに、ある患者が紹介されます。エリオットと呼ばれるこの30代の男性は、脳腫瘍の手術を受けた後、なんら「論理的・理性的」な推論の能力が損なわれていないにもかかわらず、実生活上の意思決定に大きな困難を来し、破滅しつつありました。

ダマシオは、エリオットに対して、特に脳の前頭葉の働きを検査するための様々な神経心理学的テストを行いますが、知能指数をはじめとしてその結果はいずれも正常、というよりも非常に優秀であり、実生活上での意思決定の困難さを示唆するものはありませんでした。

ダマシオは戸惑い、困惑します。

これらの検査から、エリオットは正常な知性をもっていながら適切に決断することができない、とくにそれが個人的あるいは社会的な問題と関わっているとき決断できない人物であることがはっきりした。個人的、社会的領域における推論や意志決定の仕方は、物体や空間や数や言葉が関係する領域における推論方法や思考方法とはちがうということか？　それらは異なった神経系やプロセスに依存しているのだろうか？

アントニオ・R・ダマシオ『デカルトの誤り 情動、理性、人間の脳』

打開策が見出せないまま、一旦はこの問題から離れることにしたダマシオは、やがてエリオットが示していた「ある傾向」が、問題を解く鍵になるのではないかということに思い至ります。その「ある傾向」とは、極端な感性や情動の減退です。

ダマシオは、エリオットが悲惨な事故や災害の写真を見ても感情的な反応を示さないこと、あるいは病気になる前は愛好していた音楽や絵画について、手術の後にはなんの感情も湧き上がらなくなったことを知るに及び、社会的な意思決定の能力と情動には、今まで見過ごされてきた重大な繋がりがあるのではないか、という仮説を持つに至ります。
その後、この仮説を検証するために、エリオットと同様に脳の前頭前野を損傷した12人の患者について研究を重ねたところ、全てのケースにおいて「極端な情動の減退と意思決定障害」が等しく起きていることを突き止めました。この発見をもとにしてさらに考察を重ねた上で、ダマシオはソマティック・マーカー仮説を提唱しました。少し長くなりますが、ここの記述は、意思決定における「論理と直感」あるいは「アートとサイエンス」という問題を考察するに当たり、非常に重要な立脚点になりますので抜粋しておきます。

あなたが、前提に対する費用便益分析のようなものを適用する前に、そして問題解決に向けて推論を始める前に、あるきわめて重要なことが起こる。たとえば、特定の反応オプションとの関連で悪い結果が頭に浮かぶと、いかにかすかであれ、あなたはある不快な「直観的感情」を経験する。その感情は身体に関するものなので、私はこの現象に〈ソマティック〉（ソマ、すなわちsomaはギリシア語で「身体」を意味する）という専門語を付した。そしてその感情は一つのイメージをマークするので、私はそれを〈マーカー〉と呼んだ。

アントニオ・R・ダマシオ『デカルトの誤り 情動、理性、人間の脳』

ソマティック・マーカー仮説によれば、情報に接触することで呼び起こされる感情や身体的反応（汗が出る、心臓がドキドキする、口が渇く等）が、脳の前頭葉腹内側部に影響を与えることで、目の前の情報について「良い」あるいは「悪い」の判断を助け、意思決定の効率を高めます。この仮説にしたがえば、これまで言われていた「意思決定はなるべく感情を排して理性的に行うべきだ」という常識は誤りであり、意思決定においてむしろ感情は積極的に取り入れられるべきだということになります。

ソマティック・マーカー仮説には多くの反論もあり、現時点では文字通り仮説の域を出るものではありません。しかし、ダマシオが彼の著書『デカルトの誤り』で報告している数多くの気の毒な症例は、私たちに、社会的な判断や意思決定というものがいかに複雑な営みであり、それを遂行するに当たって、私たちが実際に自分たちで認識するより遥かに多くの要因について直感的な考察を行っていることを示唆しています。

今日の社会はますます複雑化し、論理的な意思決定が難しい状況となっています。そのような社会において、いたずらに理知的・論理的であろうとすれば、かえって大きな判断ミスを犯してしまいかねません。このような時代だからこそ、ダマシオの唱えたソマティック・マーカー仮説には耳を傾けるだけの価値があるように思います。

ビジネスパーソンのための哲学ブックガイド

初学者でも読みやすく、50のキーコンセプトをより深く理解できる本だけを集めました。

アリストテレス『弁論術』（岩波文庫）

題名は「弁論術」となっていますが、内容は多岐にわたり、例えば「妬み」や「競争心」がどのような状況で発生するかといった、一体「弁論」とどう関係するのか、よくわからない内容も含まれています。全体を通して読もうとするとキツイものがありますが、部分を拾い読みしていっても十分に面白いので、手元に一冊置いておいてはいかがでしょうか。

プラトン『パイドロス』（岩波文庫）

前半は同性愛に関するネットリした話題が続くので共感できない人は飛ばして構いません。途中からソクラテスによる弁論への批判が始まります。ソクラテスという人は本を一冊も残さず、ひたすら対話による「哲学人生」に徹したわけですが、この本を読むとその理由がよくわかります。

小室直樹『日本人のための宗教原論』（徳間書店）

「キリスト教、イスラム教、仏教。このうち、地獄があるのはどれか？　答えはイスラム教だけ」といったように、日本人にとって馴染みのある論点から、主だった宗教の特徴をわかりやすく解説してくれます。各宗教の骨格を掴むには最適な本。

マックス・ヴェーバー『プロテスタンティズムの倫理と資本主義の精神』（岩波文庫）

言わずと知れたマックス・ヴェーバーの「プロ倫」。「宗教」と「経済」という、一見するとあまり結びつきそうもないものを結びつけていくことで像が立ち上がってくる、という「推理のスリル」をこれほどまでに味わえる本はなかなかありません。もう読んだよ、という人が多いかも知れませんが、年を経て読むとまた味わいも変わるので再読を勧めたい。

冨田恭彦『ロック入門講義』（ちくま学芸文庫）

ロック自身による「タブラ・ラサ」についての考察を知りたければ『人間知性論』を読むのが本道なのですが、あいにくとこちらは絶版になって久しい上、訳がいかにも硬骨で読みにくく、正直オススメしにくい。ということで、エッセンスを理解したいという方にはこちらをオススメします。平易な言葉でロックの思想を噛み砕いて説明しており、とてもわかりやすい。

ニーチェ『道徳の系譜』（岩波文庫）

ニーチェはこの本において「道徳はルサンチマンによって生み出された」というスリリングな指摘を展開します。この本の前作に当たる『善悪の彼岸』がアフォリズムを多用したために、内容を誤解されている点が多々あることを危惧したニーチェが、これを捕足するために論文形式でまとめたこともあり、ニーチェの著作の中ではとっつきやすい部類。

竹田青嗣『ニーチェ入門』（ちくま新書）

竹田先生の本はどれもオススメなのですが、こちらも大変わかりやすい。ニーチェ自身による著作は全く体系だっていないので、まずはこの本を読んで、ニーチェの思想の全体像を掴んでから当たることをオススメしたい。

永井均『これがニーチェだ』（講談社現代新書）

先述した竹田先生の本が、ニュートラルな立ち位置からの「ニーチェ解説」だとすると、こちらの永井先生の本は、ニーチェの軒先を借りた永井先生によるシャウト、といったニュアンスが強い。冒頭の「ニーチェは功利的な意味で全く役に立たない、だからこそこの哲学者は比類なく素晴らしい」という指摘をはじめ、ニーチェの「汲み取り方」に関する手本として面白い。

エーリッヒ・フロム『自由からの逃走』（東京創元社）

自由というものがドンドン「重たいもの」になりつつある現代の社会において、あらためて必読の一冊だと思います。

アダム・ハート＝デイヴィス『パブロフの犬：実験でたどる心理学の歴史』（創元社）

スキナーボックスをはじめとして、心理学の歴史のサイドストーリーは「ヘンな実験」のオンパレードですが、この本はまさにその「ヘンな実験」にフォーカスを当てて、心理学の学説を紹介しています。実験の内容を知れば検証しようとしている仮説は明らかであり、実験結果はそのまま学説の証明となるので、心理学の堅苦しい本を読むよりも理解しやすいと思う。

キャサリン・コーリンほか『心理学大図鑑』（三省堂）

スキナーに限らず、心理学の主だった学説や実験方法について網羅的に紹介しており、手っ取り早く全体像を掴むには有用な本。図解や写真も多用されており、いわゆる百科事典的な使い方をしながらも楽しんで読むことができます。

海老坂武『NHK100分de名著 2015年11月号 サルトル「実存主義とは何か？」』（NHK出版）※版元で品切れ中

サルトルといえば、レヴィ＝ストロースの構造主義に叩きのめされて哲学の主役の座を引き摺り下ろされた人という印象が強い。哲学史的にはそのような整理が一般的なのでしょうが、著者の海老坂氏は「サルトルの言説は未だに古くなっていない」と反論する。その通りだと思います。何もかもが揃う今の日本においては、生きる「意味」だけが唯一、希少なものとなっているけれども、サルトルのメッセージは「生きる意味をどう作るか」という問題を考えるに当たって、未だに大きな勇気を与えてくれると思います。

ハンナ・アーレント『エルサレムのアイヒマン』（みすず書房）

アイヒマン裁判の傍聴記なのですが、アーレントの他の本と同様に、話題があっちに行ったりこっちに行ったりしながら、ああでもないこうでもないとダラダラした考察が続き、実に読みにくい。では斜め読みでエッセンスだけ汲み取ろうかと思えば、予想もしなかった箇所でガツンとやられるような文章に出会うので全く油断がならず、イイカゲンに斜め読みするわけにもいかない。ということで、電車の中で毎日5ページずつ、というようにして、淡々と読み進んでいくことをお勧めします。砂から砂金を洗い出すような地味な読書になるだろうが、その甲斐はある、と信じて読み進めて欲しい。

A.H.マズロー『人間性の心理学』（産業能率大学出版部）

欲求五段階説の解説はもちろん、マズローの主張の多くはこの代表作から汲み取ることができます。本節で紹介した「自己実現を成し遂げた人の特徴」についても、かなりの紙幅を割いて解説しています。大部な本だけれども、哲学書に比べれば平易な日本語で書かれているので、マズローに興味を持った方であれば是非読んで欲しい。

小坂井敏晶『社会心理学講義』（筑摩書房）

認知的不協和をはじめとして、社会心理学における重要なコンセプトを丁寧に解きほぐしてくれています。個人的には当該領域に関して初学者が読む本としては「ベスト」だと推奨したい。本書の執筆においても多くの示唆をいただきました、この場を借りて謝意を表します。

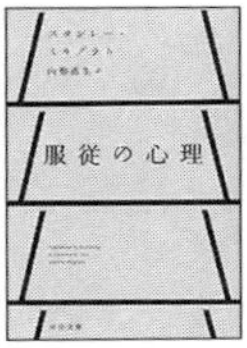

スタンレー・ミルグラム『服従の心理』（河出文庫）

実験を企画し、実施したミルグラム当人による実験結果のレポートです。実験過程の書き振りなどが冗長にすぎるように思われるかも知れませんが、要所に配されるミルグラムのメモがズシリと重い。例えば「忠誠、規律、自己犠牲といった、個人として大きく称揚される価値こそがまさに戦争という破壊的な制度上のエンジンを作り出し、人々を権威の悪意あるシステムに縛りつけるというのは、なんとも皮肉なことである」などで、実験のプロセスそのものよりも、実験結果に関するミルグラム自身の考察にぜひ触れてみて欲しい。

M.チクセントミハイ『フロー体験入門』（世界思想社）

チクセントミハイの「フロー」に関する本、ということになると有名なのは『フロー体験　喜びの現象学』なのですが、内容があまりに冗長で微に入り細を穿っており、正直シンドイ。一般向けにはこちらの方がはるかにとっつきやすいと思います。

藤沢令夫『プラトンの哲学』（岩波新書）

本節ではかなり「ディスった」イデアという考え方が、そもそもなぜ生まれてきたのか、その背景まで含めて解説されており、プラトンの思想の全体像を手っ取り早く掴みたいという人には好適。

プラトン『饗宴』（岩波文庫）

プラトンの著作はどれも平易に書かれているので、構えることなく読んで、普通に「なるほどね」と思えるはずです。とはいえ、いきなり『国家』や『テアイテトス』に当たるよりも、まずはこちらをお勧めしたい。本筋のメッセージではないが、いかに古代のギリシア人がヒマで、酒と男色遊びに熱を上げていたのか、ということがよくわかる。

ベーコン『ノヴム・オルガヌム』（岩波文庫）

本書で紹介した「四つのイドラ」はこちらの本が初出（のはず）。ベーコンがなぜこの四つの誤謬に思い至ったかも含めて、平易に説明されています。アフォリズムが全編に用いられており、緻密に論を積み重ねていくような本でもないので、中途半端に待ち時間のありそうな日などにカバンに一冊放り込んでおいて、適当に開いたところから読んでも十分に楽しめます。

デカルト『方法序説』（岩波文庫）

デカルト自身による「我思う、ゆえに我あり」へと至る経緯の告白。哲学史上、もっとも人口に膾炙されたフレーズだが、本自体は極めてコンパクトであり、内容も平易。

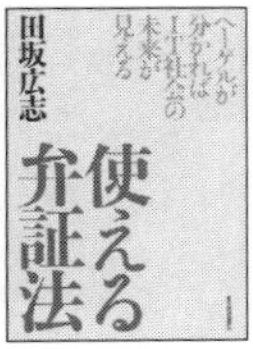

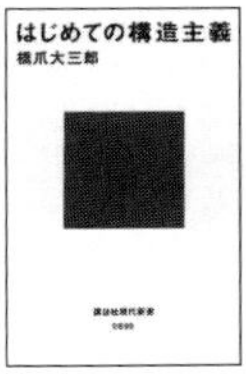

竹田青嗣『竹田教授の哲学講義21講』（みやび出版）

竹田先生のいいところは、哲学者たちへの適度な「距離感」にあると思います。名指しすることは憚りますが、哲学研究者が哲学者の解説本を書くと、あまりにも思い入れが強いために、解説本というよりも、いかにスゴイかということをまくし立てるような「広告宣伝本」や、ここまで至るのは大変だったということを泣き落とすような「苦労話本」になっているケースが少なくありません。この本ではデカルトのほか、カントやニーチェなどの主だった「スター」が取り上げられていますが、そのどれに対しても「ここはスゴイ、これは単なる詭弁」と綺麗に整理してくれているので、皮膚感覚にとても馴染みます。

田坂広志『使える弁証法』（東洋経済新報社）

本書で解説した「未来を予測するスキルとしての弁証法」というテーマに特化して書かれた本。ヘーゲルの弁証法は極めて射程の長い概念で、その全体像を知ろうとすると生半なことではありませんが、功利的な側面から「未来予測の手法として弁証法を知りたい」ということであれば、まずはこの本を読んでおけばいいと思う。

内田樹『寝ながら学べる構造主義』（文春新書）

文字通り、ソファに寝っ転がりながら読み進めることで構造主義の成立過程から、その主義主張の内容の骨格まで理解することができます。中でもマルクス、フロイト、ソシュールの三人の知的成果が構造主義に精華されていく過程は実にスリリングで面白い。

橋爪大三郎『はじめての構造主義』（講談社現代新書）

こちらも大変わかりやすい構造主義の解説書。右記の内田樹先生の著作と併せて読めば、より深く構造主義の理解が進むと思います。

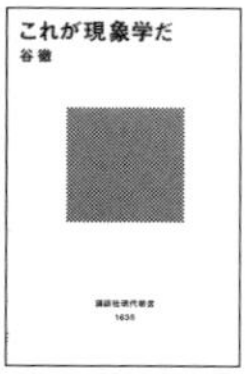

谷徹『これが現象学だ』（講談社現代新書）

おそらく「現象学」について書かれた解説書としては、最も説明がこなれたものだと思います。現象学で用いられる用語について、一つ一つ丁寧な解説が付されているので、興味を持った向きにはまずこちらをお勧めしたい。

レヴィ＝ストロース『悲しき熱帯』（中央公論新社）

冒頭の「私は旅が嫌いだ」という一文から始まって、内容は徹頭徹尾、いわゆる「紀行文」です。哲学的な推論の積み重ね、みたいなものはほとんど出てきません。一方でその分、レヴィ＝ストロースが、ヨーロッパを遠く離れて何を見、どのように考えたのか、それを追体験するようなビビッドな読書体験が得られます。サンジェルマン・デ・プレで純粋に思惟を重ねたサルトルとの対決を思い返せば、両者の思考態度のコントラストが浮かび上がって面白い。

トーマス・クーン『科学革命の構造』（みすず書房）

パラダイムという用語に関する本はたくさん出ていますが、この本に勝る解説書はないと思います。内容は極めて平明で、難解な科学用語や哲学用語が出てくるわけでもないので、パラダイム概念に興味を持った方であれば、ぜひトーマス・クーン自身によって書かれたこの本を当たって欲しい。

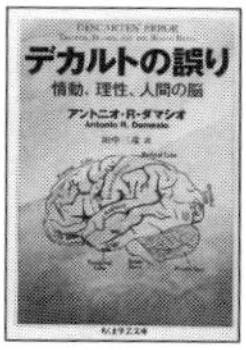

アントニオ・R・ダマシオ『デカルトの誤り』（ちくま学芸文庫）

ソマティック・マーカーについて理解したければ、何をさておいてもダマシオ自身によるこの著作に当たるのが一番です。題名になっている「デカルトの誤り」とはつまり、デカルトの唱えた心身二元論、つまり「心」と「身体」は別個のものだという仮説が誤りであった、というダマシオのメッセージに由来しています。ソマティック・マーカー仮説へと至る臨床の経緯など、推理小説を読むようにスリリングなのでぜひ一読をお勧めしたい。

マルクス エンゲルス『共産党宣言』（岩波文庫）

すでにソ連をはじめとした共産主義諸国のほとんどが崩壊したこともあり、この本の内容に理論的なケチをつけようと思えばいくらでもつけられると思います。しかし、それでもなお、やっぱりこの本には目を通しておいた方がいいと思います。それは「聖書には荒唐無稽な嘘ばかり書いてあるから」という理由だけで読まない、というのが愚かであるのと同じ理由です。

東浩紀『一般意志2・0』（講談社文庫）

ルソー自身は一般意志について明確に説明するようなテキストを残していません。本書を読んで一般意志について関心を持ったのであれば、そのまま素直に東浩紀先生のこちらの著作をお勧めしたい。過去の哲学者の論考を現在の社会や「自分」に適用して考えるということの、これほどわかりやすい好例はないと思う。過去の哲学者の論考の正しい解釈などをウダウダとやっているよりも、エッセンスを汲み取ってそれをどうやって「自分の文脈」に適用できるか、という知的態度も同時に学べる好著だと思います。

堂目卓生『アダム・スミス』（中公新書）

アダム・スミスというと「市場原理主義の教祖」みたいに思われている節があるけれども、この本を読むと、それが完全な勘違いであることがよくわかります。アダム・スミスの主著ということになると、これはもう『国富論』ということになるのですが、本人はむしろ『道徳感情論』の方が大事だと感じていたようです。言うまでもなく『国富論』は経済学の本ですが、では『道徳感情論』は何の本かというと、これは倫理学の本と言うことになる。本書を読むことで「経済」と「倫理」を自分のテーマとして追求したアダム・スミスの思想の全体像をつかむことができると思います。

マット・リドレー『進化は万能である』（早川書房）

生物のみならず、文化や社会システムもまた、「自然淘汰」によるメカニズムによって進化してきた、ということを検証しています。突然変異と自然淘汰というメカニズムが、広い範囲における「選択」にどのように働いているかを理解するのに好適な本です。

デュルケーム『自殺論』（中公文庫）

アノミーについて、デュルケーム自身のテキストを読みたい、ということになると、この『自殺論』と『社会分業論』の二つしかありません。両方ともに５００ページを超える大部なので、それなりの覚悟を求める本ですが、自分ごとに引きつけて読む、という観点からはこちらの方が読み進めやすいと思います。

マルセル・モース『贈与論』（ちくま学芸文庫）

この本はモースによる人類学のレポートです。特に第一章・第二章においては、ポリネシア・メラネシア・北西アメリカの各部族に見られる具体的な贈与交換の形式について説明しているので、ここだけつまみ読みしても十分に面白い。モースがすごいのは、そこに留まらず、最終章において贈与交換の体系が現代に示唆する「あり得る社会」の姿を構想している点です。現在、資本主義経済には様々な限界が囁かれていますが、そのような時代だからこそ、あらためて本書の価値が高まっているのだと思います。

A・シュヴァルツァー『ボーヴォワールは語る』（平凡社ライブラリー）※版元で品切れ中

ボーヴォワールのフェミニズム論というと、まずは『第二の性』ということになるのだけれども、トータルで１０００ページ近くにもなる大部で、よほど強烈な問題意識がないと通読できません。一方でこちらの本は、『第二の性』をはじめとした主著やサルトルとの関係などについて、インタビュー形式でボーヴォワールが語るものをまとめた本なので、ボーヴォワールの主張の骨子、あるいはその人となりを理解するには、こちらをお勧めします。

ジャン・ボードリヤール『消費社会の神話と構造 新装版』（紀伊國屋書店）

人はなんのために必要以上のものを消費するのだろうか？ これこそが、ボードリヤールが立てた「問い」でした。そしてその回答は、それは他人との差異を示す記号を手に入れるためである、というのがこの本の主張です。他者との差異、つまり「私はあなたたちとは違う」ということを周囲に知らせることが消費の主目的だと説いたわけです。マーケティング、なかでも耐久消費財やラグジュアリーグッズに関わる仕事をしている人には必読の本だと思います。

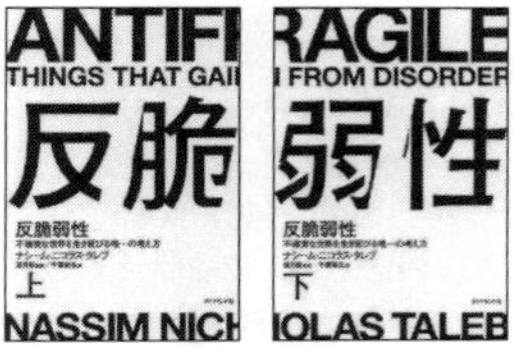

ナシーム・ニコラス・タレブ『反脆弱性』上下（ダイヤモンド社）

本書で扱った「反脆弱性」というコンセプトについて、様々な事例を用いながら考察しています。20世紀後半、様々な分野で「堅牢」かつ「頑丈」であることを目指した取り組みが行われてきたが、ここに至ってそれらの多くが実は非常に「脆弱」であることがわかってきました。今後の組織や社会、ひいては個人の生き方を考える上でも、大きなヒントを与えてくれると思うのでぜひ一読をお勧めしたい。

山口　周（やまぐち　しゅう）
1970年、東京都生まれ。慶應義塾大学文学部哲学科卒業、同大学院文学研究科美学美術史学専攻修士課程修了。電通、ボストン・コンサルティング・グループ等を経て、組織開発・人材育成を専門とするコーン・フェリー・ヘイグループに参画。現在、同社のシニア・クライアント・パートナー。専門はイノベーション、組織開発、人材／リーダーシップ育成。株式会社モバイルファクトリー社外取締役。一橋大学経営管理研究科非常勤講師。『外資系コンサルが教える　読書を仕事につなげる技術』（KADOKAWA）、『世界のエリートはなぜ「美意識」を鍛えるのか？―経営における「アート」と「サイエンス」』（光文社新書）、『知的戦闘力を高める　独学の技法』（ダイヤモンド社）など、著書多数。神奈川県葉山町に在住。

武器《ぶき》になる哲学《てつがく》
人生《じんせい》を生《い》き抜《ぬ》くための哲学《てつがく》・思想《しそう》のキーコンセプト50

2018年５月18日　初版発行
2024年11月30日　29版発行

著者／山口《やまぐち》 周《しゅう》

発行者／山下 直久

発行／株式会社KADOKAWA
〒102-8177　東京都千代田区富士見2-13-3
電話　0570-002-301（ナビダイヤル）

印刷所／株式会社暁印刷

製本所／本間製本株式会社

ＤＴＰ／有限会社エヴリ・シンク

●お問い合わせ
https://www.kadokawa.co.jp/（「お問い合わせ」へお進みください）
※内容によっては、お答えできない場合があります。
※サポートは日本国内のみとさせていただきます。
※Japanese text only

定価はカバーに表示してあります。

ISBN 978-4-04-602391-9　C0030